글 윤주성 | 그림 임익종

계림북스

작가의 말

우리는 하루에도 수많은 뉴스를 맞이해요. 인터넷이 발달하면서 전 세계 곳곳에서 벌어지는 일까지 실시간에 가깝게 만나고 있죠. 하지만 잘 모르는 단어나, 복잡한 상황 설명 등이 뉴스를 더욱 어렵게 만들어요.

그러면 <u>선생님은 왜 여러분에게 뉴스를 알려 주려고 할까요?</u>
21세기를 살아가는 우리에게 뉴스는 세상이 흘러가는 상황을 보여 주는 창이거든요. 직접 보거나 듣지 않아도 뉴스를 통해 빠르게 알 수 있는 정보가 많아요. 또, 하나의 사건에 대해 의견을 주고받으며 바람직한 가치관과 생각하는 힘을 기르는 데 도움을 줘요. 뉴스를 보면서 얻은 경험으로 문제를 해결하는 능력도 키울 수 있지요.

이 책에는 21세기의 주요 뉴스 50개가 담겨 있어요. 우리가 살아가는 시대를 대표하는 사건들로 골랐죠. 뉴스 형식은 유지하되, 이해하기 쉽도록 재미있게 풀어 썼어요. 여러분은 아마 이 책을 덮을 때쯤, 21세기의 굵직굵직한 사건을 기억하는 '<u>상식왕</u>'이 되어 있을 거예요.

지금부터 우리 주변에서 일어나는 여러 가지 일을 주의 깊게 살펴봐요. 변화란 아주 작은 관심에서부터 시작되니까요. 앞으로 세상에는 더 많은 이야기가 생겨날 거예요. 이 책을 읽은 여러분은 세상을 읽는 힘이 생길 것이며, 그 이야기를 직접 만들어 나가는 사람이라는 사실을 잊지 않았으면 좋겠어요.

선생님은 여러분이 따뜻한 이야기에 감동하고, 놀라운 이야기에 감탄하고, 슬픈 이야기에 속상해하며 <u>더 나은 세상으로 만들기 위해 노력하는 어른</u>으로 성장하길 응원할게요.

윤주성 선생님

뉴스 속보! 이 책을 읽어야 하는 이유

뉴스가 뭘까요?

뉴스는 새로운 소식을 전해 주는 방송 프로그램을 말해요. 앵커가 나와서 사회의 전반적인 소식을 알맞은 때에 전달하죠. 뉴스의 내용은 관점이 뚜렷하고 믿을 만한 출처로 뒷받침되어 있어요.

왜 21세기의 뉴스로 문해력을 키워야 할까요?

① 21세기는 우리가 살고 있는 시대예요.

이 책은 초등학생을 위해 21세기의 주요 사건들을 모아 뒀어요. 따라서 우리가 살고 있는 21세기 역사의 흐름을 쉽게 이해할 수 있어요. 정치, 사회, 경제, 국제, 스포츠, 환경, 문화, 과학까지 다양한 뉴스 키워드로 구성되어서 국내뿐만 아니라 **전 세계 여러 분야의 소식**을 접할 수 있어요.

② 뉴스와 문해력은 매우 관련이 깊어요.

뉴스는 여러 분야의 지식과 정보를 담고 있어요. 그래서 뉴스를 이해하는 사람은 배경지식이 넓고, 단어와 문장의 의미를 잘 파악해요. 글의 맥락을 빠르게 이해하고, 가짜 뉴스와 나에게 중요한 뉴스를 가려내며 핵심 정보를 파악하는 능력이 뛰어나죠. 이제 **세상 곳곳에서 벌어지는 이야기에 관심을 갖고, 문해력을 키워 봐요.**

책의 구성과 활용 방법

1단계 메인 뉴스

메인 뉴스의 키워드와 날짜를 확인하고 내용을 파악해요.

이해를 돕는 그림과 사진을 함께 보면 머리에 쏙쏙 잘 들어올 거예요.

2단계 관련 뉴스, 핵심 어휘

메인 뉴스와 관련된 뉴스를 하나 더 읽고 생각을 확장해요.

어려운 어휘도 쉬운 그림과 뜻으로 풀어서 이해력이 높아져요.

보너스 재미가 쏠쏠! 쉬어 가는 뉴스

신기한 뉴스도 놓치지 마세요! 놀라운 사건이나 감동적인 이야기가 가득해요.

최근 뉴스 속보까지 만날 수 있어요.

3단계 체크 문제

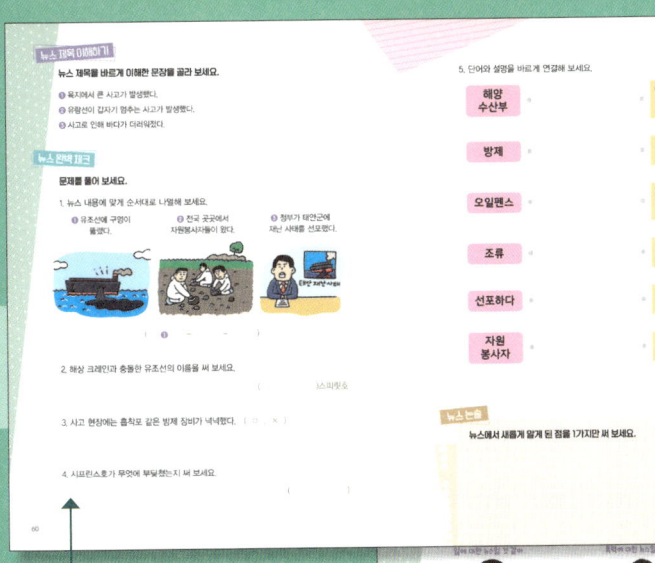

뉴스 논술을 통해 생각하는 힘을 길러요.

반대말 찾기, 초성 퀴즈, 단어 미로 찾기 등 다양한 문제로 뉴스를 완벽하게 이해해요.

정답

정답은 216~221쪽에서 확인해요.

*일러두기

- 이 책에 나오는 뉴스 내용은 2025년을 기준으로 작성되어, 이후 변동된 상황이 있을 수 있습니다.
- 이 책은 사건이 발생한 지역의 날짜 및 시간을 기준으로 작성되었습니다.
- 이 책은 국립 국어원 표준 국어 대사전을 기준으로 쓰였으나, 등재되지 않은 단어라도 뉴스 전달에 필요한 경우 사용되었습니다.

차례

01	정치	분단의 벽을 넘어 처음으로 마주한 남북의 대표	10쪽
02	사회	'진료는 의사에게, 약은 약사에게!' 의약 분업 시행	14쪽
03	경제	대한민국을 동북아의 중심으로! 인천 국제공항 개항	18쪽
04	국제	전 세계가 경악한 최악의 참사, 9·11 테러 사건	22쪽
05	스포츠	2002 한일 월드컵 4강 신화, 히딩크호	26쪽
06	사회	태풍보다 빠른 고속 철도, KTX 개통	30쪽
07	사회	이제 토요일도 쉰다! 주 5일 근무제	34쪽
08	환경	인도네시아를 덮친 지진과 쓰나미, 최악의 자연재해	38쪽
09	사회	서울의 새로운 랜드마크, 청계천을 복원하다	42쪽
10	스포츠	월드컵 6회 연속 32강 진출과 박지성의 활약	46쪽
11	국제	대한민국 최초의 UN 사무총장 반기문	50쪽
12	스포츠	골프 영웅 박세리, 'LPGA 명예의 전당'에 들다	54쪽
13	환경	최악의 해양 오염, 서해안 기름 유출 사고	58쪽
14	경제	펀드 설정액 300조 원 돌파, 펀드 열풍이 불다	62쪽
15	사회	성평등을 위한 역사적 발걸음, 호주 제도 폐지	66쪽
16	문화	국보 숭례문, 재가 되어 사라지다	70쪽
특별		세상에, 이런 일이 벌어지다니!	74쪽
17	국제	미국 첫 흑인 대통령, 버락 오바마	76쪽
18	국제	새로운 바이러스의 무서운 등장, 신종 플루	80쪽
19	경제	새로운 지폐의 등장, 5만 원권 시대 개막	84쪽
20	과학	아이폰의 등장과 대한민국 상륙! 국내에서 베일을 벗다	88쪽
21	스포츠	피겨 여왕 김연아, 대한민국에 피겨 첫 금메달을 안기다	92쪽
22	문화	시간과 장소로부터 자유로운 메신저, 카카오톡 출시	96쪽
23	문화	전 세계 사람들과 소통하다, SNS 열풍	100쪽
24	국제	일본 후쿠시마 원전 사고, 방사능 공포 확산	104쪽
25	국제	21세기 혁신의 아이콘, 스티브 잡스 사망	108쪽

26	문화	TV 채널이 많아진다고? 종합 편성 채널 출범	112쪽
27	문화	싸이의 <강남 스타일>, 전 세계를 휩쓸다	116쪽
28	국제	용서와 화합의 지도자, 넬슨 만델라가 잠들다	120쪽
29	정치	미리 투표할 수 있다고? 사전 투표제 전면 도입	124쪽
30	문화	조성진, 한국인 최초 '쇼팽 국제 피아노 콩쿠르' 우승	128쪽
31	과학	이세돌 꺾은 알파고, 인공 지능 시대 눈앞으로!	132쪽
32	사회	공직자는 함부로 선물 못 받아! 김영란법 시행	136쪽
33	국제	에마뉘엘 마크롱, 프랑스 최연소 대통령으로 당선	140쪽
	특별	세상에, 이런 일이 벌어지다니!	144쪽
34	국제	포용의 리더십, 독일 앙겔라 메르켈 총리 4연임 성공	146쪽
35	문화	유튜브 없이는 못 살아!	150쪽
36	사회	지진 여파로 수능 일주일 연기	154쪽
37	스포츠	평창 동계 올림픽, 올림픽 역사에 한 획을 긋다	158쪽
38	문화	한국 대중음악의 위상을 높인 방탄소년단, 빌보드 200 차트 1위	162쪽
39	사회	합계 출산율 사상 최초 1명 이하	166쪽
40	국제	프랑스 대표 건축물 '노트르담 대성당' 화재	170쪽
41	환경	불타는 호주, 대형 산불 발생	174쪽
42	국제	세 번째 팬데믹, 코로나19 대유행	178쪽
43	문화	세계를 사로잡은 영화 <기생충>, 칸·아카데미 석권	182쪽
44	문화	세계인이 매료된 '케이 콘텐츠'	186쪽
45	과학	우주로 큰 걸음을 내딛은 한국, 누리호 1차 발사	190쪽
46	경제	무너진 가상 자산 시장	194쪽
47	과학	난제 해결한 허준이, 한국계 수학자 최초로 필즈상 수상	198쪽
48	과학	무엇이든 물어보세요, 챗지피티 대유행	202쪽
49	사회	오늘부터 어려진다고? 만 나이 통일법 시행	206쪽
50	환경	펄펄 끓는 지구, 17℃를 넘어 점점 더워진다!	210쪽
	특별	쏙쏙! 전하는 2024년~2025년 속보	214쪽
	정답		216쪽

뉴스 01 · 정치편 2000년 6월 13일~15일

분단의 벽을 넘어 처음으로 마주한 남북의 대표

　2000년 6월 13일, 대한민국의 김대중 대통령과 북한의 김정일 국방 위원장*이 평양에서 만났습니다. 한반도가 남한과 북한으로 나뉜 이후, 각 나라의 대표가 처음 만난 자리였습니다.

　그동안 남한과 북한 사이에는 긴장감이 맴돌았습니다. 두 정상은 15일까지 이어진 회담을 통해 서로 화해하고 협력해서 두 나라가 고루 발전하도록 돕기로 했습니다. 또, 다른 나라의 힘을 빌리지 않고 자주적으로 통일하기로 약속했습니다. 비록 남한과 북한으로 나뉘었지만 하나의 민족이라는 마음을 갖고 있었기 때문입니다.

　이뿐만이 아닙니다. 전쟁과 분단으로 인해 서로 떨어져 사는 이산가족이 만날 수 있는 기회를 마련했습니다. 남북으로 갈라져 오랫동안 볼 수 없었던 가족끼리 드디어 소식을 전하게 된 것입니다.

　'남북 정상 회담'에서 이야기된 내용은 '6·15 남북 공동 선언'을 통해 전해졌습니다. 남북 정상 회담은 등을 돌리고 있던 남한과 북한이 이야기를 시작했다는 점에서 의미가 깊습니다.

*국방 위원장: 국가의 안전을 책임지는 국방 위원회의 대표.

뉴스 하나 더

잃어버린 가족을 만나다

남한과 북한에 떨어져 살고 있던 이산가족이 드디어 만났습니다. 2000년 8월 15일, 남북 정상 회담의 결과로 이산가족 상봉이 약 15년 만에 다시 시작된 것입니다. 1차로, 남북에서 각 100명의 이산가족이 서울과 평양에서 헤어진 가족과 만났습니다. 오랜만에 만난 가족은 서로 안부를 묻고 부둥켜안으며 그동안의 그리움을 달랬습니다.

어휘 술술

그림을 보며 단어의 뜻을 익혀 보세요.

분단은 끊어 가르는 것을 뜻해. 원래 하나였지만 여러 개로 나뉜 나라를 '분단국가'라고 부르지.

정상은 한 나라의 대통령이나 총리처럼 가장 중요한 인물을 말해.

어떤 문제를 두고 관련된 사람들이 모여서 토의하는 것을 **회담**이라고 해.

다른 사람의 보호나 간섭을 받지 않고 일을 스스로 처리하는 것을 **자주적**이라고 해.

뉴스 제목 이해하기

뉴스 제목을 바르게 이해한 문장을 골라 보세요.

① 남한과 북한의 대표가 다시 만났다.
② 분단된 나라를 대표하는 사람들의 만남이다.
③ 분단의 어려움을 극복할 수 없다.

뉴스 완벽 체크

문제를 풀어 보세요.

1. 남한과 북한의 정상이 처음 만난 날짜를 써 보세요.

   (   )년 (   )월 (   )일

2. 남북 정상 회담은 어디서 열렸는지 써 보세요.

   (   )

3. 뉴스 내용을 바르게 이해한 사람을 골라 보세요.

   ① 여러 나라의 도움을 받아 빨리 통일하기로 했어요.   ② 남한과 북한이 서로 힘을 합쳐서 자주적으로 통일하기로 했어요.

4. 서로 떨어져 살아서 소식을 모르는 가족을 뭐라고 부르는지 써 보세요.

   (   )가족

5. 뉴스에 나온 '등을 돌리다'의 뜻으로 알맞은 것을 골라 보세요.

   ① 뜻을 같이하던 사람이나 단체와 관계를 끊다.
   ② 등을 돌려 서로를 마주 보다.
   ③ 함께 어려운 일을 해결하다.

가로세로 단어 퍼즐

뉴스에 나온 단어를 기억하며, 퍼즐을 완성해 보세요.

	① 대			② 기	
③			④		
	⑤ 민		⑥ 남		
⑦			⑧		⑨
	⑩ 발	⑪		반	
		쟁			

가로 열쇠
① 조직이나 집단을 대신해서 일하거나 여러 사람의 생각을 대신해서 나타내는 사람.
③ 나뉜 것들을 합쳐서 하나로 모이게 함. 삼국 ○○.
④ 어떤 문제를 두고 관련된 사람들이 모여서 토의함.
⑦ 주로 부부를 중심으로 한, 친족 관계인 사람들의 집단. '식구'와 비슷한말.
⑧ 남북으로 분단된 대한민국의 휴전선 북쪽 지역.
⑩ 더 낫고 좋은 상태나 더 높은 단계로 나아감.

세로 열쇠
① 외국에 대해 나라를 대표하는 사람. 올해는 ○○○ 선거가 있다.
② 어떤 일을 하는 데 적절한 시기나 경우. 절호의 ○○.
⑤ 인종, 문화, 언어, 역사 등과 같은 전통으로써 공통된 성질을 갖는 집단.
⑥ 남측과 북측을 아울러 이르는 말.
⑨ 아시아 대륙의 동북쪽 끝에 있는 반도. 우리나라 땅의 대부분을 차지함.
⑪ 국가와 국가 등이 군사의 힘으로 싸움.

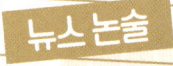

내가 이산가족이라면 어떤 마음일지 상상해서 써 보세요.

'먹먹하다, 그립다' 등 마음을 표현하는 단어를 떠올려 보세요.

뉴스 02 사회편 2000년 7월 1일

'진료는 의사에게, 약은 약사에게!' 의약 분업 시행

2000년 7월 1일, 의약 분업이 시행되었습니다. 그 전까지는 몸이 아플 때 병원을 방문하면 진료를 받고 약까지 탈 수 있었습니다. 하지만 의약 분업 이후, 병원에서 처방전을 받아 약국에서 약을 짓도록 바뀌었습니다.

의약 분업으로 환자는 처방전을 통해 자신이 어떤 병에 걸렸는지, 어떤 약을 먹는지 확인할 수 있게 되었습니다. 따라서 환자가 약을 오용하거나 남용하는 일이 줄어들었습니다.

의사는 신중하게 약을 처방할 수밖에 없습니다. 의사가 처방한 약을 약사가 다시 확인하기 때문입니다. 이런 과정에서 환자에게 잘못된 약이 처방되는 사고가 줄어듭니다. 환자가 보다 안전하게 병을 치료할 수 있게 된 것입니다.

약사는 처방전을 바탕으로 정확하게 약을 조제해야 합니다. 또 환자에게 언제, 얼마나 약을 먹어야 하는지, 부작용은 어떤 것이 있는지를 알리는 복약 지도를 의무적으로 해야 합니다.

당시에는 병원에서 진료를 받고 약국에서 약을 지으려면 2곳을 방문해야 하기 때문에 불편할 수 있다는 우려도 나왔습니다. 하지만 전문가들은 의약 분업을 통해 환자가 건강하고 안전한 의약 서비스를 누릴 것으로 기대했습니다.

뉴스 하나더

약국이 아닌 곳에서도 약을 살 수 있다고?

2012년 11월 15일부터 시행된 '안전 상비 의약품 약국 외 판매 제도' 덕분에 편의점에서도 약을 살 수 있게 되었습니다. 가벼운 증상일 경우 환자가 스스로 판단해 해열 진통제, 감기약, 소화제, 파스 등처럼 비교적 부작용이 적은 약들을 살 수 있습니다. 물론 약국에서 파는 전문 의약품보다는 효과가 떨어지지만 늦은 밤, 주말, 공휴일에도 약을 구하기에 편리해졌습니다.

어휘 술술

그림을 보며 단어의 뜻을 익혀 보세요.

분업은 일을 나눠서 하는 것을 뜻해.

오용하다는 잘못 사용한다는 뜻이고, **남용하다**는 일정한 기준을 넘어서 함부로 쓴다는 뜻이야.

여러 가지 약품을 알맞게 조합해서 약을 짓는 것을 **조제하다**라고 해.

부작용은 약의 원래 작용이 아닌 부수적으로 일어나는 작용이야.

뉴스 제목 이해하기

뉴스 제목을 바르게 이해한 문장을 골라 보세요.

❶ 약은 약국에서 받는 것이 의약 분업이다.

❷ 의사와 약사의 일이 서로 바뀌었다.

❸ 아직 의약 분업이 논의 중이다.

뉴스 완벽 체크

문제를 풀어 보세요.

1. 뉴스 내용에 맞게 순서대로 나열해 보세요.

❶ 병원에서 처방전을 받는다. ❷ 의사에게 진료를 받는다. ❸ 약국에서 약을 받는다.

(❷ - -)

2. 뉴스 내용을 바르게 이해한 사람을 골라 보세요.

❶ 환자가 원하면 병원에서 바로 약을 받을 수 있어. ❷ 복약 지도는 의사의 역할이지 약사의 역할이 아니야. ❸ 의약 분업으로 인해 환자가 잘못된 약을 처방받는 사고를 줄일 수 있게 되었어.

3. 단어와 설명을 바르게 연결해 보세요.

4. 빈칸에 들어갈 단어를 보기 에서 골라 간추린 뉴스를 완성해 보세요.

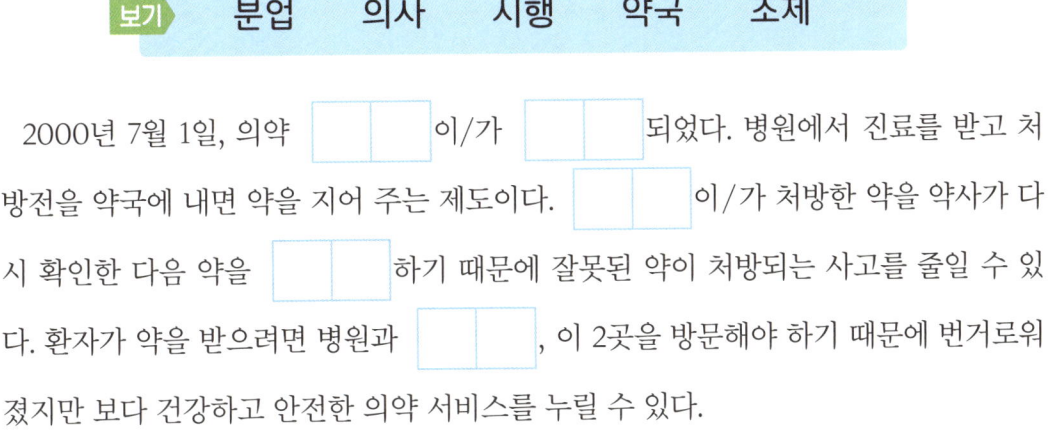

뉴스에서 새롭게 알게 된 점을 1가지만 써 보세요.

대한민국을 동북아의 중심으로! 인천 국제공항 개항

　2001년 3월 29일, 인천 국제공항이 역사적인 발걸음을 내디뎠습니다. 인천 국제공항은 인천 앞바다의 영종도와 용유도 등 4개의 섬 사이를 메워 세운 국내 최대 규모의 공항입니다. 기간은 8년 4개월, 비용은 7조 8,079억 원이 투입된 대규모 공사였습니다.

　해외로 여행하는 사람이 늘어나고 우리나라를 찾는 외국인도 많아지면서 김포 국제공항만으로는 감당하기 힘들어졌습니다. 김포 국제공항은 규모가 작고, 이용 시간도 정해져 있기 때문입니다.

　그러나 인천 국제공항이 문을 열면서 승객들은 편하게 공항을 이용하게 되었습니다. 비행기에 탈 수 있는 탑승구가 많아졌고, 더욱 많은 승객과 물건을 이동시킬 수 있었기 때문입니다. 김포 국제공항과 달리 공항 주변에 사람이 살지 않아서 24시간 내내 운영하는 것도 큰 장점이었습니다. 덕분에 승객들은 다양한 시간대에 비행기를 이용할 수 있게 되었습니다.

　인천 국제공항은 한국은 물론, 중국과 일본 등 동북아시아 사람들도 이용하기에 편리합니다. 인천은 여러 나라를 이어 주는 교통의 중심지이기 때문입니다. 이렇게 인천 국제공항은 개항을 시작으로, 세계를 대표하는 공항이 되었습니다.

뉴스 읽은 날:　　　년　　월　　일

뉴스 하나 더

인천 국제공항이 더 커졌다고?

2005년부터 2016년까지 세계 공항 서비스 평가에서 12년 연속 1위를 차지한 인천 국제공항이 2018년에 제2 여객 터미널을 개장했습니다. 제2 여객 터미널에는 비행기 탑승구뿐만 아니라 각종 즐길 거리가 가득했습니다. 정원과 전시장까지 있어서 문화 예술 공간으로써의 기능도 갖췄습니다. 한편, 터미널이 2곳이기 때문에 승객들은 비행기를 놓치는 일이 없도록 탑승 터미널을 필수로 확인해야 합니다.

▲인천 국제공항 제2 여객 터미널 입국장

어휘 술술

그림을 보며 단어의 뜻을 익혀 보세요.

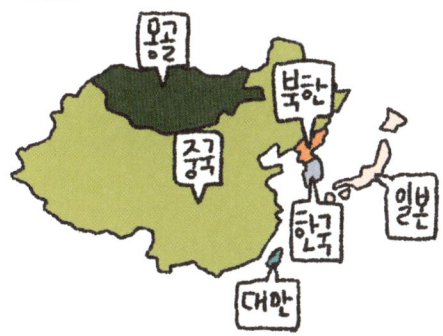

동북아는 동북아시아를 뜻하는 말로, 아시아의 동북쪽 지역이야. 한국과 중국, 일본 등이 있지.

항구나 공항을 새로 열어서 업무를 시작하는 것을 **개항**이라고 해.

사람 또는 물자나 자본 등이 필요한 곳에 넣어지는 것을 **투입되다**라고 해.

탑승구는 배나 비행기, 차 등에 올라타는 입구야.

뉴스 제목 이해하기

뉴스 제목에서 중심 화제를 골라 보세요.

❶ 동북아   ❷ 대한민국   ❸ 인천 국제공항

뉴스 완벽 체크

문제를 풀어 보세요.

1. 인천 국제공항은 우리나라에서 몇 번째로 큰 공항인지 써 보세요.

(   ) 번째

2. 인천 국제공항을 어떻게 지었는지 바르게 설명한 문장을 골라 보세요.

❶ 김포 국제공항을 재개발해서 지었다.
❷ 4개의 섬 사이를 메워서 지었다.
❸ 공항이 세워질 자리에 있는 집들을 허물어서 지었다.

3. 김포 국제공항은 어떤 점이 불편했는지 빈칸을 채워 보세요.

① 공항의 ☐☐ 이/가 작다.   ② 이용 ☐☐ 이/가 정해져 있다.

4. 인천 국제공항에 대해 바르게 말한 사람을 골라 보세요.

❶ 24시간 내내 운영하니까 좋네!

❷ 공항 주변에 사람이 많이 살아서 복잡하네.

5. 빈칸에 들어갈 단어를 보기 에서 골라 간추린 뉴스를 완성해 보세요.

보기 중심지   여행   투입   국제   개항   승객

2001년 3월 29일, 국내 최대 규모인 인천 ☐☐ 공항이 ☐☐ 했다. 오랜 기간, 많은 비용이 ☐☐ 된 인천 국제공항이 문을 열면서, ☐☐ 이/가 전보다 편하게 ☐☐ 을/를 즐길 수 있게 되었다. 인천은 여러 나라를 잇는 교통의 ☐☐☐ 이기 때문에, 세계를 대표하는 공항이 됐다.

반대말 찾기

반대말끼리 연결해 보세요.

최대	죽다
외국인	내국인
해외	해내
살다	최소
많다	크다
작다	적다
늘어나다	줄어들다
편리하다	불편하다

뉴스 04 국제편 2001년 9월 11일
전 세계가 경악한 최악의 참사, 9·11 테러 사건

2001년 9월 11일 오전, 미국에서 비행기 4대가 납치당하는 일이 벌어졌습니다. 비행기에는 조종사 교육을 받은 사람을 포함한 19명의 테러범이 나눠 타고 있었습니다. 이들은 비행기를 미국의 유명한 건물에 들이받아 피해를 일으킬 계획이었습니다.

첫 번째 비행기는 오전 8시 46분, 미국 뉴욕주에 있는 세계 무역 센터 북쪽 빌딩에 부딪쳤습니다. 17분 뒤, 두 번째 비행기가 세계 무역 센터 남쪽 빌딩에 부딪쳤습니다. 비행기와 충돌한 110층짜리 쌍둥이 빌딩은 불에 타다가 결국 완전히 무너지고 말았습니다.

오전 9시 37분, 세 번째 비행기가 미국 버지니아주에 있는 국방부인 펜타곤에 내리꽂혔습니다. 하지만 마지막 비행기는 오전 10시 3분, 건물이 아닌 미국 펜실베이니아주 들판에 추락했습니다. 비행기에 탄 승객들이 테러범들과 싸운 끝에 건물에 부딪치지 못하도록 한 것입니다. 이 비행기는 워싱턴주에 있는 국회 의사당을 공격할 계획이었다고 알려졌습니다.

9·11 테러 사건은 지금까지 가장 많은 인명 피해를 낳은 테러였습니다. 뿐만 아니라 엄청난 재산 피해까지 불러왔습니다. 이 사건으로 인해 사람들은 테러가 단순한 범죄가 아닌, 전쟁과 같은 위험한 일이라고 생각하게 되었습니다.

뉴스 하나 더

쌍둥이 빌딩, 추모의 공간으로 다시 태어나다

세계 무역 센터가 있던 자리에는 국립 9·11 추모관과 박물관, 원 월드 트레이드 센터가 세워졌습니다. 각각 2011년, 2014년에 개관한 국립 9·11 추모관과 박물관에는 9·11 테러 사건 당시의 잔해와 희생자의 유품, 관련 자료 등이 전시되어 있습니다. 끔찍했던 테러의 현장이 추모의 공간으로 거듭난 것입니다. 2014년에 개관한 원 월드 트레이드 센터는 104층짜리 세계 무역 센터 빌딩으로, 아픔을 딛고 뉴욕주의 랜드마크가 되었습니다.

▲추모 공간에 놓인 꽃

어휘 술술

그림을 보며 단어의 뜻을 익혀 보세요.

좋지 않은 일로 깜짝 놀라는 것을 **경악하다**라고 해.

비참하고 끔찍한 일을 **참사**라고 해.

테러는 폭력을 써서 상대편을 위협하거나 공포에 빠뜨리게 하는 것이야.

국방부는 중앙 행정 기관 중 하나로, 국가를 지키는 일을 해.

자연재해나 사고 등으로 사람이 생명을 잃거나 다치는 피해를 **인명 피해**라고 불러.

뉴스 제목 이해하기

뉴스 제목을 읽고 내용을 바르게 추측한 사람을 골라 보세요.

❶ 9월 11일에 벌어진 신나는 일에 대한 뉴스일 것 같아.

❷ 전 세계를 깜짝 놀라게 한 폭력에 대한 뉴스일 것 같아.

뉴스 완벽 체크

문제를 풀어 보세요.

1. 테러 사건이 일어난 날짜를 써 보세요.

( )년 ( )월 ( )일

2. 세계 무역 센터의 쌍둥이 빌딩이 있었던 지역을 써 보세요.

( )주

3. 첫 번째 비행기는 남쪽 쌍둥이 빌딩에 부딪쳤다. (○ , ×)

4. 쌍둥이 빌딩은 110층이었다. (○ , ×)

5. 테러 사건으로 북쪽 쌍둥이 빌딩만 무너졌다. (○ , ×)

6. 네 번째 비행기는 건물과 충돌하지 않았다. (○ , ×)

단어 미로 찾기

빈칸에 들어갈 알맞은 단어를 따라 미로 길을 가 보세요.

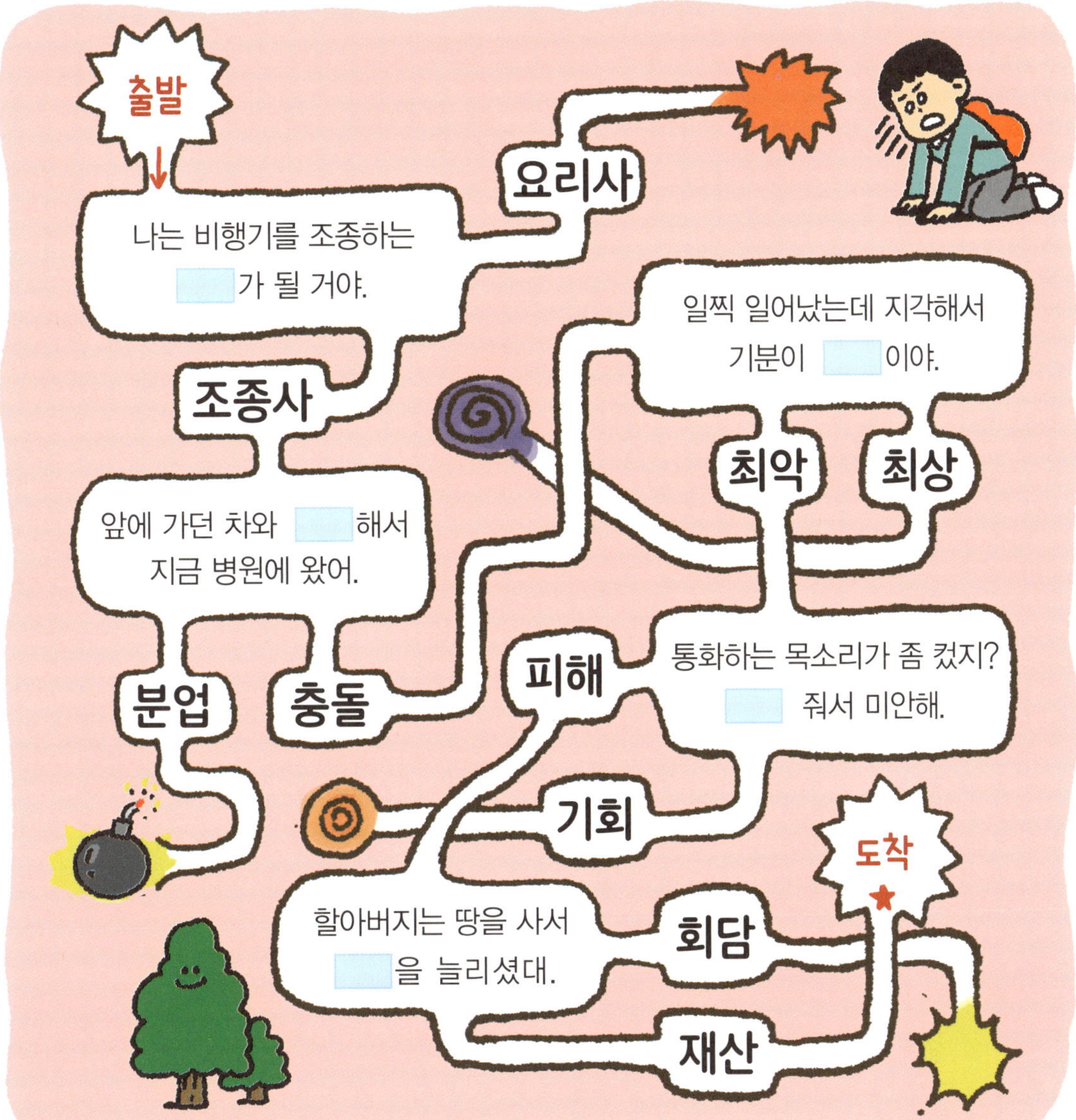

출발

나는 비행기를 조종하는 ☐ 가 될 거야.

요리사

조종사

일찍 일어났는데 지각해서 기분이 ☐ 이야.

최악   최상

앞에 가던 차와 ☐ 해서 지금 병원에 왔어.

분업   충돌   피해

통화하는 목소리가 좀 컸지? ☐ 줘서 미안해.

기회

할아버지는 땅을 사서 ☐ 을 늘리셨대.

회담   도착

재산

뉴스 논술

9·11 테러 사건의 피해자들에게 추모의 글을 써 보세요.

소중한 사람을 다시 볼 수 없다면 어떤 말을 전하고 싶은지 떠올려 보세요.

스포츠편 2002년 5월 31일~6월 30일

2002 한일 월드컵
4강 신화, 히딩크호

　2002년 5월 31일, 대한민국과 일본에서 월드컵이 공동 개최되었습니다. 휘스 히딩크 감독이 이끄는 대한민국 축구 대표 팀은 월드컵 사상 처음으로 16강에 진출했습니다.

　16강에서 만난 상대는 이탈리아였습니다. 1골을 빼앗기고 끌려가던 중, 후반전에 설기현 선수가 동점 골을 터트렸습니다. 그리고 안정환 선수의 헤딩슛으로 대한민국이 연장전에서 승리했습니다.

　8강 상대는 스페인이었습니다. 우리 선수들은 열심히 경기장을 뛰었지만 무승부로 마무리되었습니다. 결국 승부차기로 경기의 승패를 가리게 되었고, 대한민국은 5:3으로 4강에 진출했습니다.

　대한민국의 월드컵 4강 진출은 어마어마한 성과였습니다. 히딩크는 4강 진출에 대한 소감을 묻는 기자에게 "나는 아직도 배고프다."라고 답했습니다. 지금에 만족하지 않고 월드컵 우승을 향해 나아가겠다는 뜻이었습니다.

　4강에서는 아쉽게 독일에게 패했지만, 대한민국은 아시아 최고 성적인 4위를 기록할 수 있었습니다. 또 아시아에서 열린 첫 번째 월드컵이자 역사상 처음으로 2개의 나라에서 공동으로 열린 월드컵을 성공적으로 마무리했습니다.

뉴스 하나 더

아시아에서 열린 두 번째 월드컵!

2022년 11월 20일부터 12월 18일까지 카타르에서 제22회 월드컵이 개최되었습니다. 2002 한일 월드컵에 이어 20년 만에 아시아에서 열린 월드컵이었으며, 중동·아랍 국가 중에서는 최초였습니다. 또, 월드컵 사상 처음으로 여성 심판이 경기에 참여했습니다. 개최 시기도 특별했습니다. 카타르의 여름 날씨를 고려해 최초로 겨울에 열렸기 때문입니다. 카타르 월드컵은 새로운 시도로 세계인들의 주목을 받았습니다.

▲카타르 월드컵 상징

어휘 술술

그림을 보며 단어의 뜻을 익혀 보세요.

월드컵은 스포츠 경기의 국제 선수권 대회를 말해. 4년마다 개최되는 축구 대회가 가장 유명하지.

모임이나 회의 등이 주최되어 열리는 것을 **개최되다**라고 해.

헤딩슛은 공중으로 떠오른 공을 머리로 받아서 골을 넣는 동작이야.

운동 경기에서 승부가 나지 않을 때, 이미 정한 횟수나 시간을 늘려 계속하는 경기를 **연장전**이라고 해.

승부차기는 축구에서 승부가 나지 않을 때, 각 팀의 정해진 선수가 교대로 공을 차서 승부를 내는 것을 말해.

뉴스 제목 이해하기

뉴스 제목에서 '신화'의 뜻을 바르게 이해한 문장을 골라 보세요.

❶ 월드컵에서 4강까지 올라간 성적이 대단하다는 뜻이다.
❷ 옛날부터 전해져 오는 신비한 이야기가 담겨 있다는 뜻이다.
❸ 이유를 알 수 없는 불이 났다는 뜻이다.

뉴스 완벽 체크

문제를 풀어 보세요.

1. 2002년에 월드컵을 개최한 나라를 모두 골라 보세요.

   ❶ 대한민국　　　　　❷ 이탈리아　　　　　❸ 일본

2. 대한민국 축구 대표 팀을 이끈 감독의 이름을 써 보세요.

   　　　　　　　　　　　　　　　　휘스 (　　　　　　　)

3. 16강에서 헤딩슛을 넣은 선수를 ○ 해 보세요.

   　　　　　　　　　　　　　　　(설기현 / 안정환)

4. 대한민국 축구 대표 팀이 8강에서 만난 나라를 써 보세요.

   　　　　　　　　　　　　　　　(　　　　　　　　　)

5. 히딩크 감독의 4강 진출에 대한 소감을 바르게 이해한 사람을 골라 보세요.

❶ 경기에 지쳐서 배가 너무 고프다는 뜻이야.　　❷ 지금에 만족할 수 없다는 뜻이야.

공통 글자 찾기

공통으로 들어가는 글자를 채워 보세요.

뉴스 논술

내가 감독이라면 4강 진출 소감을 어떻게 말했을지 써 보세요.

사회편 2004년 4월 1일

태풍보다 빠른 고속 철도, KTX 개통

2004년 4월 1일, 고속 철도 KTX가 첫 운행을 시작하며 고속 철도의 시대가 열렸습니다.

KTX는 시속 약 300km를 달릴 수 있습니다. 이는 1초에 약 83m를 달리는 셈인데, 2003년에 우리나라를 강타한 태풍 '매미'가 1초에 최대 약 60m를 이동했으니 그야말로 태풍보다 빠른 열차인 것입니다.

KTX 개통으로 많은 변화가 생겼습니다. 서울에서 부산과 목포로 가는 시간이 대폭 줄었습니다. 마음만 먹으면 반나절 안에 국내 대부분 지역에 갈 수 있는 반나절 생활권이 열린 것입니다. KTX는 외부 환경의 영향을 덜 받기 때문에 목적지까지 제시간에 도착할 확률이 약 99%나 됩니다. 따라서 먼 지역으로 출퇴근하는 것도 가능해졌습니다. 또 명절에 이동하는 교통수단이 분산되어 도로가 덜 막히게 되었습니다.

KTX가 서는 역 주변에도 활기가 가득해졌습니다. 열차를 이용하는 사람이 많아지면서 역 주변에 새로운 가게들이 생긴 것입니다. 전국의 여행지에도 사람들의 발길이 끊이지 않았습니다. KTX 덕분에 빠르고 편안하게 여행할 수 있기 때문입니다.

KTX는 자동차에 비해 온실가스를 배출하는 양이 적어서 탄소 발자국을 줄일 수 있습니다. 또 적은 에너지로 큰 힘을 내는 것 역시 환경을 지키는 데 도움이 됩니다.

KTX 개통은 한국이 세계에서 다섯 번째로 고속 철도를 운행하는 나라가 되었다는 점에서도 의미가 큽니다.

뉴스 읽은 날:　　　년　　월　　일

뉴스 하나 더

새마을호, 이젠 안녕!

1969년부터 전국 곳곳을 돌며 국민들의 발이 되어 준 새마을호가 2018년 4월 30일을 마지막으로 역사 속으로 사라졌습니다. 운행할 수 있는 기간이 끝난 새마을호를 모두 폐차하고 일부만 관광용으로 재활용했습니다. 새마을호의 빈 자리는 도시 간 급행열차인 'ITX-새마을'이 대신하게 되었습니다.

어휘 술술

그림을 보며 단어의 뜻을 익혀 보세요.

개통은 철로, 다리 등을 완성하거나 이어 통하게 하는 것을 뜻해.

운행은 정해진 길을 따라 차량 등을 운전해서 다니는 것이야.

반나절 만에 볼일을 마치고 되돌아올 수 있는 범위가 **반나절 생활권**이야.

온실가스는 대기를 오염시켜 지구의 온도를 높이는 가스로, 이산화 탄소, 메탄 등이 여기에 속해.

탄소 발자국은 사람이 활동하거나 상품을 생산하고 소비하면서 발생하는 이산화 탄소의 총량이야.

뉴스 제목 이해하기

뉴스 제목을 바르게 이해한 문장을 골라 보세요.

① 태풍이 KTX보다 빠르다.

② KTX 고속 철도가 완성되었다.

③ 우리나라 고속 철도는 아직 공개되지 않았다.

뉴스 완벽 체크

문제를 풀어 보세요.

1. 뉴스 내용을 바르게 표현한 그림을 골라 보세요.

2. KTX가 1초에 달릴 수 있는 거리를 써 보세요.

약 (   )m

3. 알맞은 단어로 빈칸을 채워 보세요.

KTX 덕분에 ☐☐ 생활권이 열렸대요.

4. 자동차에 비해 온실가스 배출량이 적은 KTX가 무엇을 줄이는지 써 보세요.

(   ) 발자국

5. 한국은 고속 철도를 몇 번째로 운행하는 나라인지 써 보세요.

(   ) 번째

초성 퀴즈

초성을 보고, 알맞은 단어로 빈칸을 채워 보세요.

1. 예보를 보니 내일은 **ㅈ ㄱ**에 비가 내린대.

2. 그 차는 너무 낡아서 **ㅍ ㅊ**해야 해.

3. 시장에 오니까 사람도 많고 **ㅎ ㄱ**가 넘쳐!

4. 우리 아빠는 지하철로 **ㅊ ㅌ ㄱ**하셔.

5. 안 쓰는 불을 끄면 전기 **ㅇ ㄴ ㅈ**를 아낄 수 있어.

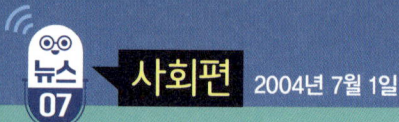

사회편 2004년 7월 1일

이제 토요일도 쉰다! 주 5일 근무제

　대한민국은 월요일부터 토요일까지 일하고, 일요일에 쉬는 주 6일 근무제가 보편화되어 있었습니다. 하지만 2004년 7월 1일부터 주 5일 근무제를 시행했습니다. 하루에 8시간씩, 일주일에 40시간만 근무하기 때문에 일요일뿐만 아니라 토요일에도 쉴 수 있게 된 것입니다.

　주 5일 근무제는 갑작스러운 이야기가 아니었습니다. 이미 2002년에 은행에서 도입했기 때문입니다. 개정된 근로 기준법에 따라 공기업과 대기업을 중심으로 주 5일 근무제가 먼저 시행되었고, 차례대로 확대되었습니다. 따라서 사람들은 취미 생활을 즐기거나 여행을 다니고, 가족과 함께할 시간이 늘어났습니다.

　물론 곳곳에서는 회사가 어려워질 것이라는 우려의 목소리도 있었습니다. 일부 사람들은 일하는 시간이 줄어들어 급여가 줄기도 했습니다. 그럼에도 국민의 삶의 질을 향상시키기 위해서 주 5일 근무제는 거스를 수 없는 흐름이었습니다.

　주 5일 근무제는 우리 사회에 깊게 뿌리내려 정착했고, 이틀의 주말을 보내는 것이 사람들의 일상이 되었습니다.

뉴스 읽은 날 :　　　년　　　월　　　일

뉴스 하나 더

일주일에 4일만 일할 수도 있다고?

주 4일 근무제를 도입하는 국가들이 점차 늘고 있습니다. 호주의 어느 기업에서는 급여는 유지한 채, 주 4일 근무제를 시범적으로 운영했습니다. 영국에서도 61개의 기업이 주 4일 근무제를 실험했습니다. 그 결과, 생산성이 높아지고 이직률이 낮아졌다고 발표했습니다. 주말이 3일이 되는 시대가 머지않은 것입니다.

어휘 술술

그림을 보며 단어의 뜻을 익혀 보세요.

근무제는 직장을 다니는 일과 관련된 제도를 말해.

일하는 사람이 균형 있게 생활할 수 있도록 근로 조건의 기준을 정한 법을 **근로 기준법**이라고 불러.

국가나 지방 자치 단체가 공공의 행복과 이익을 위해 운영하는 기업을 **공기업**이라고 해.

삶의 질은 사는 일로부터 얻어지는 가치나 의미, 만족의 정도를 말해.

뉴스 제목 이해하기

뉴스 제목을 읽고 내용을 바르게 추측한 사람을 골라 보세요.

❶ 사람들이 토요일에 가장 많이 하는 취미 생활을 설명하는 뉴스일 것 같아.

❷ 주 5일 근무제로 인해 바뀐 점을 알려 주는 뉴스일 것 같아.

뉴스 완벽 체크

문제를 풀어 보세요.

1. 주 5일 근무제 이전에는 일주일에 며칠 일했는지 써 보세요.

( )일

2. 뉴스 내용에 맞게 순서대로 나열해 보세요.

(❶ - -)

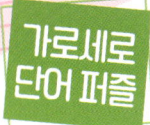 **가로세로 단어 퍼즐**

뉴스에 나온 단어를 기억하며, 퍼즐을 완성해 보세요.

						① 시	
② 급		③		④ 일			
⑤	행						
				⑥		⑦ 생	
	⑧	로					
				⑨ 대		성	
	제		⑩		업		

가로 열쇠

① 모범을 보임.
  내가 대표로 ○○을 보였어.
③ 7일 동안을 이르는 말.
⑤ 일이나 구경을 목적으로 다른 지역에 가는 일.
  이번 여름 방학에는 부모님과 해외○○을 가기로 했어.
⑥ 날마다 반복되는 생활. ○○.
⑦ 어떤 행동을 하며 살아감. 취미 ○○.
⑧ 부지런히 일함.
⑩ 국가나 지방 자치 단체가 공공의 행복과 이익을 위해 운영하는 기업.

세로 열쇠

① 법이나 어떤 명령이 작용하는 일.
② 일에 대한 대가로 주는 돈.
  이번 달 ○○가 들어왔네.
④ 월요일을 기준으로 일주일의 마지막 날.
  우리 가족은 ○○○마다 외식을 한다.
⑦ 토지, 자원, 노동력 등 어떤 것을 만드는 데 들어간 양과 그것으로 이뤄진 생산물 양의 비율.
  공장을 24시간 운영해 ○○○을 높였다.
⑧ 직장을 다니는 일과 관련된 제도.
⑨ 규모가 큰 기업.

뉴스 08 **환경편** 2004년 12월 26일

인도네시아를 덮친 지진과 쓰나미, 최악의 자연재해

최악의 자연재해가 발생했습니다. 2004년 12월 26일, 역사상 손에 꼽을 정도로 강력한 지진이 인도네시아를 덮쳤습니다.

이 지진은 규모 9.3으로, 세계에서 두 번째로 강력했습니다.* 지진이 발생한 위치는 인도네시아의 수도인 자카르타에서 약 1,620km 떨어진 수마트라섬 북서쪽 해저였습니다.

지진은 쓰나미까지 불러일으켜 피해가 더욱 심했습니다. 지진의 여파로 바닷물이 통째로 흔들리면서 거대한 파도인 쓰나미가 발생한 것입니다. 30m가 넘는 높이의 쓰나미는 순식간에 건물, 도로, 마을을 모두 파괴했습니다. 약 30만 명의 사람이 죽거나 파도에 휩쓸려 사라졌습니다. 심지어 주변 나라인 인도, 스리랑카, 태국 등도 큰 피해를 입었습니다.

인도네시아는 지진과 화산 활동이 활발해 '불의 고리'라고 불리는 환태평양 조산대에 위치한 나라입니다. 하지만 인도양의 해안은 쓰나미가 자주 일어나지 않기 때문에 쓰나미 경보 시스템이 제대로 갖춰지지 않았습니다. 그래서 사람들이 미리 대피하지 못했고, 큰 피해로 이어졌습니다.

이 사건으로 인해 세계인들은 지진과 쓰나미의 위험성, 경보 시스템의 중요성에 대해 다시 생각하게 되었습니다.

*2025년 10월 기준.

뉴스 하나 더

한국은 지진으로부터 안전할까?

2016년 9월 12일, 경상북도 경주시에서 규모 5.8의 지진이 발생했습니다. 한국에서 발생한 가장 강력한 지진입니다.* 지층의 갑작스러운 움직임으로 흔들림이 전국에서 느껴졌다고 합니다. 이후에 지진 경보 시스템이 강화되었고, 긴급 재난 문자를 빠르게 전달받게 되었습니다. 또한 지진에 견딜 수 있도록 내진 설계를 해야 하는 건축물의 범위를 확대했습니다.

*2025년 10월 기준.

▲지진으로 무너진 담벼락, 출처: 연합뉴스

어휘 술술

그림을 보며 단어의 뜻을 익혀 보세요.

태풍, 지진, 가뭄 등 피할 수 없는 자연 현상 때문에 일어나는 피해를 **자연재해**라고 해.

바다의 밑바닥을 **해저**라고 해.

태풍, 폭염, 한파 등으로 큰 피해가 발생할 수 있어 특별히 주의할 것을 알리는 예보를 **경보**라고 해.

대피하다는 위험이나 피해를 입지 않게 일시적으로 피하는 것을 뜻해.

뉴스 제목 이해하기

뉴스 제목에서 알 수 있는 정보를 골라 보세요.

① 인도네시아를 덮친 쓰나미의 규모
② 인도네시아를 덮친 자연재해의 종류
③ 인도네시아의 위치

뉴스 완벽 체크

문제를 풀어 보세요.

1. 인도네시아를 덮친 지진의 규모를 써 보세요.

규모 (.   )

2. 인도네시아의 수도를 써 보세요.

(   )

3. 지진의 여파로 만들어진 거대한 파도를 뭐라고 부르는지 써 보세요.

(   )

4. 지진과 화산 활동이 많이 일어나는 지대를 뭐라고 부르는지 써 보세요.

환태평양 (   )

5. 사람들이 미리 대피하지 못한 이유를 바르게 말한 사람을 골라 보세요.

① 경보 시스템이 제대로 갖춰지지 않았기 때문이야.

② 지진은 위험하지 않다고 생각했기 때문이야.

단어와 그림 연결하기

그림을 보고, 보기 에서 알맞은 단어를 골라 빈칸을 채워 보세요.

보기   지진   수도   화산   지층   인도양   여파

1. 이곳이 오대양 중 하나인 ㅇㄷㅇ이야.

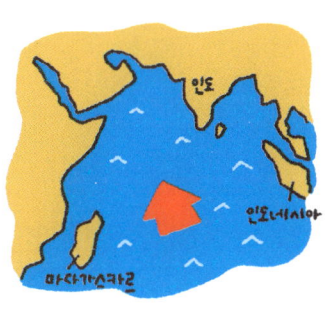

2. ㅈㅈ이 났으니 모두 대피하세요!

3. 서울은 중앙 정부가 있는 대한민국의 ㅅㄷ예요.

4. 땅에 여러 가지 물질이 쌓여 만들어진 층을 ㅈㅊ이라고 해.

5. ㅎㅅ이 폭발하면 빠르게 대피해야 해요.

6. 가뭄의 ㅇㅍ로 배춧값이 많이 올랐어.

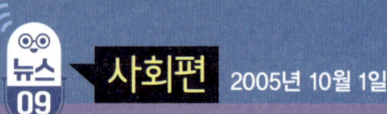

사회편 2005년 10월 1일

서울의 새로운 랜드마크, 청계천을 복원하다

    2005년 10월 1일, 청계천 복원 사업이 드디어 마무리되었습니다. 서울 도심 한복판에서 맑은 시냇물을 볼 수 있게 된 것입니다.

    청계천은 원래 하천이었습니다. 그런데 서울이 도시로 변하면서 물이 더러워지자 물길을 덮는 공사가 이뤄졌습니다. 서울시는 도시와 자연이 어우러지는 환경을 만들기 위해 2003년 7월, 약 26년 동안 덮여 있던 청계천을 복원하기 시작했습니다.

    먼저 지은 지 오래돼서 무너질 위험이 있는 도로를 없앴습니다. 한강의 물과 지하철의 지하수를 끌어와 하천을 흐르게 했으며, 주변에 나무를 심어 자연과 함께 있는 도시 풍경을 만들었습니다. 산책길과 사람들이 쉴 수 있는 공간도 마련했습니다.

    이로써 청계천 주변 지역의 열섬 현상이 완화되었고, 미세 먼지가 줄어들었습니다. 또, 자연이 회복되면서 동식물이 모여들어 생태계가 다양해졌습니다. 바뀐 것은 환경뿐만이 아니었습니다. 청계천을 찾는 사람이 많아져서 주변 상권도 더불어 발달했습니다.

    복원된 청계천을 유지하고 관리하는 비용이 많이 들지만, 복원 당시 서울시는 청계천 주변이 개발되면서 오는 경제적인 효과가 더 클 것으로 예상했습니다. 시간이 지남에 따라 청계천은 서울의 랜드마크로 자리 잡았습니다.

뉴스 하나 더

반짝반짝 빛나는 청계천!

서울 빛 초롱 축제는 2009년부터 시작된 서울시의 대표적인 문화 관광 축제입니다. 축제 기간에 청계천을 찾으면 밤을 아름답게 밝히는 빛 조형물을 감상할 수 있습니다. 여러 가지 체험 프로그램과 화려한 볼거리를 즐기려고 하루에 수만 명의 관광객이 청계천을 찾았습니다. 청계천이 추운 겨울을 따뜻하게 보낼 수 있는 축제의 장으로 자리매김한 것입니다.

▲2024년도 서울 빛 초롱 축제

어휘 술술

그림을 보며 단어의 뜻을 익혀 보세요.

랜드마크는 어떤 지역을 대표하는 독특한 표시나 시설물을 말해.

원래대로 회복하는 것을 **복원하다**라고 해.

한복판은 일정한 공간이나 사물의 한가운데를 강조하는 말이야.

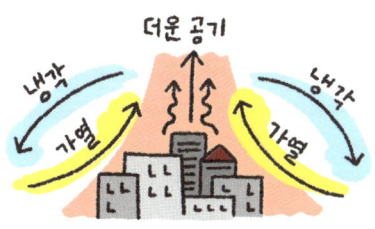

열섬 현상은 도시의 온도가 주변보다 높게 나타나는 현상이야.

상업상의 영향이나 힘이 미치는 범위를 **상권**이라고 해.

뉴스 완벽 체크

문제를 풀어 보세요.

1. 청계천 복원 사업이 마무리된 날짜를 써 보세요.

   (　　　)년 (　　)월 (　　)일

2. 청계천 복원을 위해 물을 끌어온 강의 이름을 써 보세요.

   (　　　　　　)

3. 청계천 복원으로 인한 변화를 그린 그림을 골라 보세요.

   ❶　　　　　　　　❷

4. 빈칸에 들어갈 단어를 보기에서 골라 간추린 뉴스를 완성해 보세요.

   | 보기 | 열섬　　물길　　상권　　복원　　미세 |

   2005년 10월 1일, 청계천 복원 사업이 마무리되었다. ☐☐이/가 덮인 청계천을 다시 흐르게 하기 위해 먼저 오래된 도로를 없앴다. 그리고 한강의 물과 지하철의 지하수를 끌어와 하천을 흐르게 했고, 주변에는 나무를 심었다. 이로 인해 ☐☐ 현상이 완화되었고 ☐☐ 먼지가 줄어들었다. 또, 주변 ☐☐도 발달했다. ☐☐된 청계천은 시간이 지남에 따라 서울의 랜드마크로 자리 잡았다.

공통 글자 찾기

공통으로 들어가는 글자를 채워 보세요.

1
- ① 청계
- ② 하

① 2005년에 복원된, 서울의 종로구와 중구의 경계를 흐르는 하천.
② 강과 시내를 아울러 이르는 말.

2
- ① 조형
- ② 시냇

① 여러 가지 재료를 이용해 구체적인 형태로 만든 물체.
② 골짜기나 평지에서 흐르는 작은 물줄기의 물.

3
- ① 랜드
- ② 크무리

① 어떤 지역을 대표하는 독특한 표시나 시설물.
② 일의 끝맺음.

4
- ① 자
- ② 볼거매김

① 사회나 사람들의 인식 등에 어느 정도의 고정된 위치를 차지함. 또는 그런 일.
② 사람들이 즐겁게 구경할 만한 물건이나 일.

초성 퀴즈

초성을 보고, 알맞은 단어로 빈칸을 채워 보세요.

1. 환경이 오염되면서 ㅅㅌㄱ가 파괴되고 있어.

2. 우리 집 강아지는 털을 관리하는 ㅂㅇ이 많이 들어.

3. 이번 학교 ㅊㅈ에서 장기자랑을 나갈 거야.

스포츠편
2006년 6월 9일~7월 9일

월드컵 6회 연속 32강 진출과 박지성의 활약

대한민국 VS 프랑스

대한민국 VS 토고

대한민국 VS 스위스

　대한민국이 월드컵 32강에 6회 연속 진출했습니다. 2006년 6월 9일, 제18회 독일 월드컵이 개최되었습니다. 2002 한일 월드컵에서 4강 신화를 이룬 대한민국은 G조로, 토고, 프랑스, 스위스와 붙었습니다.

　대한민국의 첫 상대는 토고였습니다. 전반전에서 1골을 내줬지만, 후반전에서 박지성 선수가 프리 킥 기회를 얻었습니다. 프리 킥을 맡은 이천수 선수는 골대를 향해 과감하게 슛을 날렸고 득점에 성공했습니다. 이어 안정환 선수가 역전 골을 넣었고 대한민국은 2:1로 승리했습니다. 다른 나라에서 열린 월드컵에서 첫 승리를 따낸 것입니다.

　두 번째 상대인 프랑스는 경기가 시작된 지 9분 만에 첫 골을 넣었습니다. 그러나 후반전에서는 우리 선수들에게 압박을 당하며 경기를 이어 갔습니다. 경기가 막바지에 다다를 즈음, 설기현 선수가 길게 패스한 공이 조재진 선수의 머리와 박지성 선수의 오른발을 거쳐 골문을 뒤흔들었습니다. 1:1 동점 골을 터뜨린 박지성은 국제 축구 연맹(FIFA)이 뽑은 경기 최우수 선수로 선정되었습니다.

　마지막으로 만난 상대는 스위스였고, 대한민국은 0:1로 지고 있었습니다. 후반전에서 스위스 선수가 1골을 더 넣었지만 오프사이드로 의심되었습니다. 대한민국 선수들의 항의에도 심판은 스위스의 득점을 인정해 0:2로 경기가 마무리되었습니다.

　비록 조 3위로 16강 진출에는 실패했지만 박지성을 비롯한 대한민국 선수들의 활약은 대단했습니다.

뉴스 읽은 날 :   년   월   일

뉴스 하나 더

축구장에서 일어난 박치기 사건

2006 독일 월드컵 결승전에서 이탈리아와 프랑스가 만났습니다. 그런데 경기 중, 이탈리아의 마르코 마테라치 선수와 프랑스의 지네딘 지단 선수가 신경전을 벌였습니다. 화가 난 지단은 마테라치의 가슴을 머리로 받아 버렸습니다. 지단은 퇴장당했고, 프랑스는 기세가 꺾이고 말았습니다. 결국 우승컵은 이탈리아가 차지했습니다.

어휘 술술

그림을 보며 단어의 뜻을 익혀 보세요.

활발히 활동하는 것을 **활약**이라고 해.

프리 킥은 반칙으로 지적되었을 때 상대편에게 주어지는 킥이야.

형세가 뒤집히거나 상황을 뒤집는 것을 **역전**이라고 해.

막바지는 어떤 일이나 현상의 마지막 단계를 뜻해.

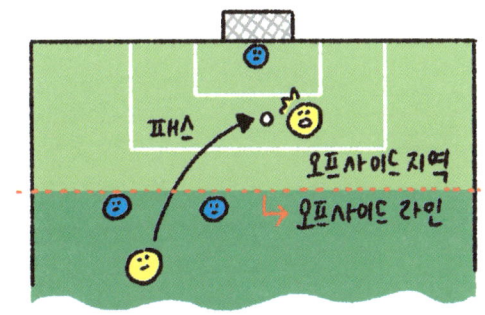

오프사이드는 상대편의 진영 안에서 공보다 앞으로 나가거나, 금지 구역에 들어가는 반칙이야.

뉴스 제목 이해하기

뉴스 제목을 읽고 내용을 바르게 추측한 사람을 골라 보세요.

❶ 대한민국은 월드컵 32강에 나가지 못한 것 같아.

❷ 박지성 선수가 큰 역할을 해냈나 봐!

뉴스 완벽 체크

문제를 풀어 보세요.

1. 제18회 월드컵이 열린 날짜를 써 보세요.

    (   )년 (   )월 (   )일

2. 제18회 월드컵은 어느 나라에서 열렸는지 써 보세요.

    (   )

3. 대한민국은 F조였고, 토고, 프랑스, 스위스와 경기를 했다. (○ , ×)

4. 토고와의 경기에서 안정환 선수가 프리 킥을 맡았다. (○ , ×)

5. 프랑스와의 경기에서 우리나라가 첫 골을 뺏겼다. (○ , ×)

6. 스위스와의 경기에서 대한민국 선수들이 심판에게 항의한 이유를 골라 보세요.
    ❶ 대한민국 선수가 부상당해서   ❷ 스위스 선수의 반칙이 의심돼서

가로세로 단어 퍼즐

뉴스에 나온 단어를 기억하며, 퍼즐을 완성해 보세요.

가로 열쇠

③ 한국과 일본을 아울러 이르는 말.
④ 대한민국 전 국가대표 축구 선수로, 2006 독일 월드컵 프랑스와의 경기에서 최우수 선수로 선정됨.
⑤ 상대편의 진영 안에서 공보다 앞으로 나가거나, 금지 구역에 들어가는 반칙.
⑦ 유럽 중부의 독일 아래에 있는 나라로, 수도는 베른. 전통 음식인 퐁뒤가 유명함.
⑪ 운동 경기 시간을 반으로 나눈 것의 앞쪽 경기.
⑫ 운동 등에서 실력이 뛰어나 많은 사람 가운데에서 대표로 뽑히거나 스포츠를 직업으로 하는 사람.

세로 열쇠

① 유럽 중부에 있는 나라로, 수도는 베를린. 전통 음식인 소시지가 유명함.
② 기운을 못 펴게 힘으로 내리누름.
⑥ 유럽 서부에 있는 나라로, 수도는 파리. 에펠 탑이 유명함.
⑧ 말이나 행동으로 경쟁자의 신경을 자극하는 일이나 싸움. 선거 기간에는 후보자들끼리 치열한 ○○○을 벌인다.
⑨ 운동 경기 시간을 반으로 나눈 것의 뒤쪽 경기.
⑩ 여럿 가운데 가장 뛰어남. 수학 경시대회에서 ○○○상을 받았어.

 2007년 1월 1일

대한민국 최초의 UN 사무총장 반기문

2007년 새해 첫날, 반기문 UN(국제 연합) 사무총장이 공식적인 활동을 시작했습니다.

UN은 세계의 질서와 안전을 지키고, 모든 사람의 인권과 자유를 위해 힘쓰는 국제기구입니다. 이 기구의 일을 지휘하는 최고 책임자가 바로 사무총장입니다.

사무총장은 UN을 관리하며, UN이 원활하게 운영되도록 돕는 일을 합니다. 또 국가 간에 분쟁이 생기면 중재하고, 국적이 없는 사람이나 어린이의 인권을 보호하는 역할도 합니다.

반기문은 2006년 10월, 대한민국 최초로 UN 사무총장에 선출되었습니다. 5년의 임기를 마친 뒤 2011년에는 UN 총회에서 만장일치로 연임에 성공했습니다. 반기문은 임기 동안 기후와 인권 문제에 많은 관심을 쏟았습니다. 분쟁 지역과 재해 현장, 기아 문제가 있는 곳 등을 찾아다녔고 외교 장관들과 321번의 회담을 했습니다.

반기문의 총 임기는 2007년부터 2016년까지 무려 10년이었습니다. 그에 대한 평가는 다양하지만 세계 평화를 위해 이룬 업적은 분명하게 남아 있습니다.

뉴스 하나 더

반기문 UN 사무총장의 가장 큰 업적은?

반기문 UN 사무총장의 가장 큰 업적은 '파리 기후 협약'을 이끈 일입니다. 파리 기후 협약은 지구 온난화로 인해 지구의 평균 기온이 오르는 것을 막기 위한 대책이었습니다. 선진국에만 있었던 온실가스를 줄이는 의무를 모든 국가에게 지운 것입니다. 참여하지 않은 일부 국가들이 있지만 대부분 환경 보호의 중요성을 깨닫고, 지구 온난화를 늦추기 위해 힘을 모았습니다.

어휘 술술

그림을 보며 단어의 뜻을 익혀 보세요.

국가적으로 정해진 것이나 사회적으로 인정된 것을 **공식적**이라고 해.

국제적인 목적이나 활동을 위해 2개 이상의 회원국으로 구성된 조직을 **국제기구**라고 해.

중재하다는 다툼에 끼어들어 화해시키는 거야.

만장일치는 모든 사람의 의견이 같은 것을 뜻해.

뉴스 완벽 체크

문제를 풀어 보세요.

1. 반기문 UN 사무총장의 임기가 시작된 날짜를 써 보세요.

(　　　)년 (　　)월 (　　)일

2. 반기문 UN 사무총장이 관심을 둔 문제를 골라 보세요.

❶

❷

공통 글자 찾기

공통으로 들어가는 글자를 채워 보세요.

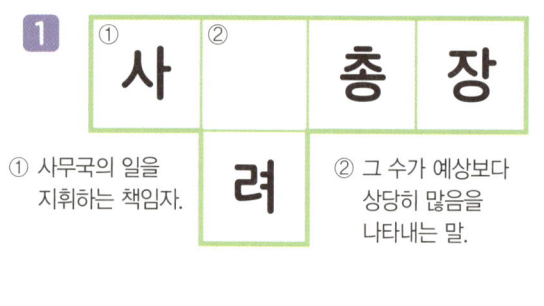

① 사무국의 일을 지휘하는 책임자.
② 그 수가 예상보다 상당히 많음을 나타내는 말.

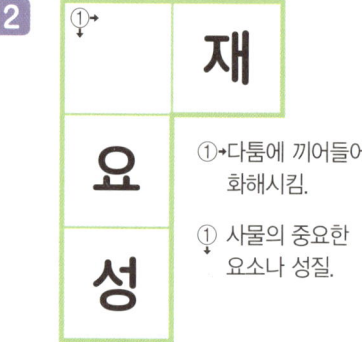

① 다툼에 끼어들어 화해시킴.
① 사물의 중요한 요소나 성질.

① 어떤 사업이나 연구 등에서 세운 공적.
② 한 나라의 구성원이 되는 자격.

단어와 그림 연결하기

그림을 보고, 보기 에서 알맞은 단어를 골라 빈칸을 채워 보세요.

보기: 원활   인권   선진국   의무   분쟁   선출

1. 모든 사람의 ㅇㄱ을 존중해야 해요.

2. 이번 선거의 후보로 ㅅㅊ 된 사람들이네!

3. ㅅㅈㄱ의 자본과 기술을 들여옵시다!

4. 이곳은 오래된 ㅂㅈ 지역입니다.

5. 세금을 내는 일은 국민의 ㅇㅁ야.

6. 진행자 덕분에 행사가 ㅇㅎ하게 마무리됐어요.

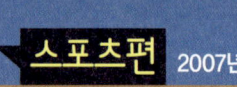

2007년 6월 7일

골프 영웅 박세리, 'LPGA 명예의 전당'에 들다

 2007년 6월 7일, 박세리 선수가 한국 최초로 'LPGA 명예의 전당'에 이름을 올렸습니다. 한국의 골프 영웅이 세계 역사에 길이 남는 순간이었습니다.
 박세리는 미국 여자 프로 골프 협회인 LPGA가 주관한 대회에서 활동을 시작하자마자 큰 관심을 받았습니다. 주요 대회에서 연이어 우승했기 때문입니다. 특히 화제가 된 것은 1998년, 박세리가 한 대회에서 연못가에 떨어진 공을 치기 위해 양말을 벗고 연못으로 들어간 장면이었습니다. 경제 위기를 겪고 있던 대한민국 국민들은 끝까지 포기하지 않는 모습에 큰 감동을 받았습니다.
 박세리는 이후에도 많은 대회에서 우승했습니다. 덕분에 한국에 골프 열풍이 불어 '세리 키즈'라는 말이 등장할 정도였습니다. 세리 키즈는 박세리를 보고 골프를 시작한 어린이를 이르는 말입니다.
 LPGA 명예의 전당에는 전설적인 골프 선수들만 이름을 올릴 수 있습니다. 박세리는 2004년에 명예의 전당에 오르기 위한 우승 점수를 모두 채웠습니다. 그리고 2007년, 10년 동안 LPGA에서 선수로 활동해야 한다는 조건도 채우게 되었습니다. 이로써 박세리는 24번째로 LPGA 명예의 전당에 올랐습니다.

뉴스 읽은 날: 년   월   일

뉴스 하나더

나야 나, 세리 키즈 박인비

어린 시절, 박세리 선수를 보고 꿈을 키운 박인비 선수가 한국을 대표하는 골프 선수로 성장했습니다. 박인비는 LPGA가 주관한 여러 대회에서 우승했습니다. 결국 2016년, 박세리에 이어 LPGA 명예의 전당에 오른 두 번째 한국인이 되었습니다. 같은 해에 열린 리우 올림픽에서는 금메달을 따며 다시 한번 실력을 증명했습니다.

어휘 술술

그림을 보며 단어의 뜻을 익혀 보세요.

세상에서 훌륭하다고 인정되는 이름이나 자랑 등을 **명예**라고 해.

어떤 일을 전문으로 하거나 그런 지식이나 기술을 가진 사람, 또는 직업 선수를 **프로**라고 불러.

이야기할 만한 재료나 소재를 **화제**라고 해.

열풍은 매우 세차게 일어나는 기운이나 기세를 뜻하는 말이야.

뉴스 제목 이해하기

뉴스 제목에서 중심 화제를 골라 보세요.

❶ 영웅　　　　　❷ 박세리　　　　　❸ 명예

뉴스 완벽 체크

문제를 풀어 보세요.

1. 밑줄 친 단어와 같은 뜻으로 쓰인 문장을 골라 보세요.

> 한국의 골프 영웅이 세계 역사에 <u>길이</u> 남는 순간이었습니다.

❶ 이 기차의 <u>길이</u>는 얼마일까?
❷ 이 동화는 글의 <u>길이</u>가 짧네.
❸ 이름을 <u>길이</u> 빛내는 사람이 되자.

2. 박세리 선수가 연못가에 떨어진 공을 치기 위해 한 행동을 골라 보세요.

❶ 다른 공으로 바꿔서 쳤어.　　　　❷ 양말을 벗고 연못으로 들어갔어.

3. 박세리 선수를 보고 골프를 시작한 어린이를 뭐라고 부르는지 써 보세요.

세리 (　　　　)

4. 박세리 선수가 LPGA 명예의 전당에 오르기 위한 우승 점수를 모두 채운 연도를 써 보세요.

(　　　　)년

단어 미로 찾기

빈칸에 들어갈 알맞은 단어를 따라 미로 길을 가 보세요.

출발 →

- 어제 본 영화에 나온 ⬜은 하늘을 나는 망토를 두르고 있었어.
- 내 동생은 기타에 ⬜이 없어.
- 내 영어 실력은 갈수록 ⬜하고 있어.
- 김치는 한국을 ⬜하는 음식 중 하나야.
- 이 ⬜이면 야구부에 가입할 수 있겠는데!

영웅 / 연못 / 관심 / 소문 / 성장 / 우승 / 의지 / 대표 / 국적 / 조건

도착 ★

뉴스 논술

박세리 선수에게 축하 메시지를 써 보세요.

목표를 이룬 사람에게 어떤 말을 하고 싶은지 떠올려 보세요.

2007년 12월 7일

최악의 해양 오염, 서해안 기름 유출 사고

  2007년 12월 7일 오전 7시 15분경, 충청남도 태안군 앞바다에서 해상 크레인과 약 14만 6,000t급 유조선 '허베이스피릿호'가 충돌했습니다. 이로 인해 유조선에 구멍이 뚫리면서 약 1만 2,000㎘*의 기름이 바다로 유출되는 최악의 해양 오염 사고가 발생했습니다.

  이 사고에 대처하기 위해 해양 수산부와 해양 경찰청은 방제 대책 본부와 중앙 사고 수습 본부를 설치했습니다. 또, 현장에 방제선을 투입하고, 기름이 확산되지 않게 오일펜스를 쳤습니다. 그러나 높은 파도와 강풍, 조류 등의 이유로 어려움이 많았습니다.

  대규모 피해가 예상되었기 때문에 정부는 12월 8일, 태안군과 주변 지역에 재난 사태를 선포했습니다. 사고 소식이 전해지자 자원봉사자들이 전국에서 태안으로 몰려들어 해안가의 기름을 제거하기 시작했습니다. 자원봉사자들은 흡착포 같은 방제 장비가 부족해서 헌 옷이나 폐현수막 등을 사용하기도 했습니다. 지역 주민 및 여러 단체에서는 자원봉사자들을 위해 음식을 준비하며 방제 작업을 지원했습니다.

  기름으로 검게 덮인 서해안이 푸르른 빛을 되찾길 바라는 모두의 노력 덕분에 약 7개월 만에 위기를 극복할 수 있었습니다.

▼유출된 기름으로 덮인 서해안

*㎘: 킬로리터. 부피를 재는 단위로, ℓ(리터)의 1,000배.

뉴스 하나 더

기름 유출 사고가 처음이 아니었다고?

1995년 7월 23일, 전라남도 여수시 앞바다에서 약 14만 5,000t급 유조선 '시프린스호'가 태풍 '페이'를 만나 암초에 부딪치는 사고가 발생했습니다. 이 사고로 약 5,035㎘의 기름이 바다로 유출되었고, 바다와 해안이 심각하게 오염되었습니다. 어민들은 양식장이 황폐화되고, 바다 생물의 종류가 줄어 타격을 입었습니다. 태풍으로 인해 방제 작업이 순조롭게 진행되지 않아 피해가 컸습니다.

어휘 술술

그림을 보며 단어의 뜻을 익혀 보세요.

더럽게 물들거나 물들게 하는 것을 **오염**이라고 해. 선박 등이 바다를 더럽히면 **해양 오염**이지.

유출은 밖으로 흘러 나가거나 흘려 내보내는 것을 말해.

기름을 담는 시설을 갖추고 기름을 운반하는 배를 **유조선**이라고 불러.

대처하다는 어떤 일에 대해 알맞은 대책을 세운다는 거야.

흩어져 널리 퍼지게 되는 것을 **확산되다**라고 해.

뉴스 제목 이해하기

뉴스 제목을 바르게 이해한 문장을 골라 보세요.

❶ 육지에서 큰 사고가 발생했다.

❷ 유람선이 갑자기 멈추는 사고가 발생했다.

❸ 사고로 인해 바다가 더러워졌다.

뉴스 완벽 체크

문제를 풀어 보세요.

1. 뉴스 내용에 맞게 순서대로 나열해 보세요.

❶ 유조선에 구멍이 뚫렸다.   ❷ 전국 곳곳에서 자원봉사자들이 왔다.   ❸ 정부가 태안군에 재난 사태를 선포했다.

(❶ -   -   )

2. 해상 크레인과 충돌한 유조선의 이름을 써 보세요.

(   )스피릿호

3. 사고 현장에는 흡착포 같은 방제 장비가 넉넉했다. (○ , ×)

4. 시프린스호가 무엇에 부딪쳤는지 써 보세요.

(   )

5. 단어와 설명을 바르게 연결해 보세요.

해양 수산부	바다 위에 유출된 기름이 퍼지는 것을 막기 위해 수면에 설치하는 경계.
방제	재앙을 미리 막아 없앰.
오일펜스	해양에 관련된 정책, 어촌 개발 및 수산물 유통 등에 관한 일을 하는 중앙 행정 기관.
조류	밀물과 썰물 때문에 일어나는 바닷물의 흐름.
선포하다	대가 없이 자발적으로 돕는 사람.
자원 봉사자	세상에 널리 알리다.

뉴스 논술

뉴스에서 새롭게 알게 된 점을 1가지만 써 보세요.

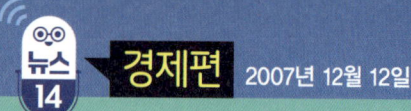

펀드 설정액 300조 원 돌파, 펀드 열풍이 불다

 2007년 12월 12일, 투자자들이 펀드*에 투자한 금액인 펀드 설정액이 국내에서 사상 처음으로 300조 원을 돌파했습니다. 높은 수익을 목표로 자산의 60% 이상을 주식에 투자하는 주식형 펀드가 2006년 말보다 약 2배 이상 급증했기 때문입니다. 이에 따라 코스피 지수**가 사상 최초로 2,000포인트를 넘으며 주식 시장이 활기를 얻었습니다.

 국내는 물론이고 해외 주식형 펀드 역시 가파른 성장 곡선을 그렸습니다. 예금을 하는 것보다 펀드에 투자하는 것이 더 높은 수익을 가져온다는 인식이 퍼지면서 펀드에 돈이 몰리게 된 것입니다. 이러한 현상을 두고 전문가들은 투자에 대한 이해와 분산 투자의 중요성을 강조했습니다. 다양한 변수가 있는 만큼 위험을 줄이고 신중해야 하기 때문입니다. 펀드 열풍에 무작정 휩쓸리지 말고, 바른 투자 문화를 가꿔 나가야 한다는 경고의 목소리였습니다.

 펀드 설정액이 300조 원을 넘긴 일은 여러 가지 측면에서 중요한 의미를 가졌습니다. 한국 금융 시장이 성장하고, 투자 문화가 널리 퍼졌으며, 세계 경제에 대한 관심이 증가했다고 보기 때문입니다.

* 펀드: 이익을 얻기 위해 업체에 맡긴 재산.
** 코스피 지수: 한국 거래소에 등록된 기업들의 주식 가격 변동을 기준 시점과 비교해 계산한 수치.

뉴스 하나 더

워런 버핏의 기막힌 펀드 내기

투자 실력으로 유명한 미국의 워런 버핏은 2008년에 한 투자 회사와 내기를 했습니다. 버핏은 안정적이지만 수익률이 낮은 펀드에, 투자 회사는 위험하지만 수익률이 높은 펀드에 10년 동안 투자했습니다. 내기는 연평균 7.1%와 2.2%의 수익률을 보이며 버핏의 승리로 끝났습니다. 버핏은 장기적으로 안정적인 펀드가 더 높은 수익을 가져다줄 수 있다는 교훈을 남기며, 양측이 모은 222만 달러를 자선 단체에 기부했습니다.

어휘 술술

그림을 보며 단어의 뜻을 익혀 보세요.

돌파는 일정한 기준이나 기록 등을 넘어서는 것을 말해.

이익을 거둬들이거나, 그 이익을 **수익**이라고 불러.

자산은 개인이나 단체가 소유하고 있는 경제적 가치가 있는 재산이야.

일정한 계약에 의해 은행 등에 돈을 맡기는 일을 **예금**이라고 해.

분산 투자는 투자에서 오는 위험을 줄이기 위해 여럿으로 나눠서 하는 투자야.

뉴스 제목 이해하기

뉴스 제목에서 '불다'의 뜻을 바르게 이해한 문장을 골라 보세요.

① 바람이 움직였다는 뜻이다.

② 유행이 일어나 휩쓸었다는 뜻이다.

③ 뜨거운 물을 식힐 때처럼 입으로 바람을 일으켰다는 뜻이다.

뉴스 완벽 체크

문제를 풀어 보세요.

1. 투자자들이 펀드에 투자한 금액을 뭐라고 부르는지 써 보세요.

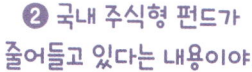

2. 뉴스 내용을 바르게 이해한 사람을 골라 보세요.

① 자산의 60% 이상을 주식에 투자하는 것이 주식형 펀드야.

② 국내 주식형 펀드가 줄어들고 있다는 내용이야.

틀린 단어 고치기

밑줄 친 단어를 바르게 고쳐 보세요.

이 놀이기구는 키 110cm 이하만 탈 수 있어서 난 못 타.

단어 미로 찾기

빈칸에 들어갈 알맞은 단어를 따라 미로 길을 가 보세요.

- 출발→ ☐이 너무 비싸.
- 금액
- 열풍
- 올해 ☐를 정했어.
- 목표
- 경고
- 급증
- 이번 달 수입이 ☐해서 경제가 좋아졌어.
- 컴퓨터가 고장 나서 ☐에게 수리를 맡겼어.
- 전문가
- 급감
- 사진가
- 난 한복 디자이너가 돼서 한국의 ☐를 널리 알릴 거야.
- 펀드
- 문화
- ★도착

뉴스 논술

과자 회사 중 내가 투자하고 싶은 회사와 그 이유를 써 보세요.

과자 회사:

이유:

내가 좋아하는 과자와 그 이유를 떠올려 보세요.

사회편 2008년 1월 1일

성평등을 위한 역사적 발걸음, 호주 제도 폐지

　호주 제도란 가족의 대표인 호주를 아버지로 정하고, 어머니와 자식은 아버지의 관할 내에 두는 제도입니다. 이 제도에 따라 대한민국은 아버지가 집안의 중심으로, 가족의 재산을 관리하고 상속도 책임졌습니다. 또, 자식은 아버지의 성을 따라야만 했습니다. 가족 사이에 순위를 한결같이 정해서 평등한 가족 관계를 방해했던 것입니다.

　그런데 호주 제도 폐지에 관한 법이 2008년 1월 1일부터 시행되었습니다. 이 법으로 인해 가족 구성원이 호주인 남성에게 집중되었던 권리를 나눠 받았습니다. 따라서 아들과 딸은 부모님의 재산을 평등하게 물려받고, 아버지뿐만 아니라 어머니의 성도 따를 수 있게 됐습니다.

　또 재혼 가족의 자녀는 새아버지의 성을 따를 수 있고, 입양할 아이를 친자식으로 기록하는 것도 가능해졌습니다. 재혼 가족, 입양 가족, 한 부모 가족 등 다양한 형태의 가족이 법적으로 인정받게 된 것입니다.

　호주 제도가 폐지되는 데까지 오랜 기간이 걸렸습니다. 앞으로 대한민국이 가족 안에서 여성과 남성의 권리가 평등해지고, 개인의 권리와 자유가 존중받는 사회로 계속해서 발전해 나갈 것을 기대합니다.

뉴스 읽은 날: 년   월   일

뉴스 하나 더

한국에 이렇게 많은 성씨가 있었어?

우리나라 국민의 절반 가까이가 김(金)씨, 이(李)씨, 박(朴)씨 성을 가지고 있습니다. 하지만 이들을 제외하고도 무려 5,000개가 넘는 성씨가 존재합니다. 희귀한 성씨로는 한자로 물고기를 의미하는 어(魚)씨, 달다는 뜻을 가진 감(甘)씨, 가을을 의미하는 추(秋)씨 등이 있습니다. 멘, 분, 속, 곰, 군 등 새로운 성씨도 늘어나는 추세입니다. 호주 제도가 폐지되면서 귀화자는 성씨를 그대로 쓰거나 만들 수도 있기 때문입니다.

어휘 술술

그림을 보며 단어의 뜻을 익혀 보세요.

성평등은 권리, 의무, 자격 등이 성별에 따라 차별 없이 고른 것을 뜻해.

시행해 오던 제도나 법 등을 없애는 것을 **폐지**라고 해.

상속은 가족 중 1명이 사망한 후, 다른 사람에게 재산을 넘겨주거나 넘겨받는 일이야.

부모 중 1명과 그 자녀로 이뤄진 가족을 **한 부모 가족**이라고 해.

뉴스 제목 이해하기

뉴스 제목을 바르게 이해한 문장을 골라 보세요.

① 호주 제도 폐지가 역사적으로 중요한 변화를 가져왔다.
② 호주 제도 폐지가 역사 속으로 사라졌다.
③ 호주 제도 폐지에 조금씩 다가가고 있다.

뉴스 완벽 체크

문제를 풀어 보세요.

1. 호주 제도에서 가족의 대표를 뭐라고 부르는지 써 보세요.

(   )

2. 호주 제도 폐지에 관한 법은 2008년에 시행되었다. (○ , ×)

3. 호주 제도 폐지로 인해 자식은 아버지의 성만 따라야 한다. (○ , ×)

4. 호주 제도 폐지 이후의 상황이 <u>아닌</u> 것을 골라 보세요.

단어 미로 찾기

빈칸에 들어갈 알맞은 단어를 따라 미로 길을 가 보세요.

뉴스 논술

뉴스에서 새롭게 알게 된 점을 1가지만 써 보세요.

문화편 2008년 2월 10일~11일

국보 숭례문, 재가 되어 사라지다

▲붕괴되는 숭례문. 출처: 연합뉴스

  2008년 2월 10일 오후 8시 50분경, 숭례문 2층 누각에서 화재가 발생했습니다. 신고를 받고 출동한 소방관들은 불씨를 제거하기 위해 물과 소화제를 뿌리며 진화 작업에 나섰습니다. 하지만 불길은 좀처럼 잡히지 않았고, 화재가 난 지 5시간 만인 11일 새벽 2시경, 1층 일부를 제외하고 완전히 붕괴되었습니다.

  경찰은 화재가 방화로 발생한 것으로 보고 수사를 시작했습니다. 곧 목격자들의 진술에 따라 인상착의가 비슷한 범인을 인천광역시의 강화도에서 검거했습니다. 경찰 조사 결과, 범인은 토지 보상금에 대한 불만을 품고 범죄를 저지른 것으로 알려졌습니다. 범인은 2006년 4월, 같은 이유로 창경궁 문정전에도 불을 지른 전과가 있었습니다.

  숭례문은 조선 시대에 세워졌으며 한양 도성의 남쪽 정문이었습니다. 서울에서 가장 오래된 목조 건물로써 1962년에 우리나라 국보로 지정되었습니다. 그런 숭례문이 단 1명으로 인해 불에 타 버렸다는 사실은 국민들에게 큰 충격을 안겨 주었습니다.

  정부는 이 사건으로 문화재 주변의 경비를 강화하고, 종합적인 화재 방지 대책을 마련했습니다.

뉴스 하나 더

다시 태어난 숭례문

방화 사건으로 전소되었던 숭례문이 2013년 5월 4일, 우리 곁으로 돌아왔습니다. 무려 5년 3개월 만입니다. 숭례문 복원을 위해 국내외에서 7억 원이 넘는 성금이 모였고, 국가 무형유산 보유자*들도 참여했습니다. 또한 자동 소화 장치, 열 감지기 등을 설치해 목조 문화재에 대한 방재 시스템을 강화했습니다. 마침내 복구 작업을 마친 숭례문은 위풍당당하게 서울을 지키게 되었습니다.

*국가 무형유산 보유자: 공예, 기술, 예능 등 무형의 문화적 자산을 보존하고 있다고 국가가 인정한 사람.

▲숭례문 복원 작업. 출처: 연합뉴스

어휘 술술

그림을 보며 단어의 뜻을 익혀 보세요.

국보는 보물인 문화유산 가운데 국가가 특별히 지정한 것을 말해.

사방을 볼 수 있게 문과 벽 없이 높이 지은 집을 **누각**이라고 해.

무너지고 깨지게 되는 것을 **붕괴되다**라고 해.

방화는 일부러 불을 지르는 거야.

뼈대가 나무로 된 건물을 **목조 건물**이라고 해.

뉴스 제목 이해하기

뉴스 제목에서 알 수 있는 정보를 골라 보세요.

① 화재가 난 대상
② 불이 처음 난 위치
③ 숭례문이 재가 된 과정

뉴스 완벽 체크

문제를 풀어 보세요.

1. 화재로 숭례문의 2층은 붕괴되지 않았다. (○ , ×)

2. 소방관들은 불길을 1시간 만에 잡았다. (○ , ×)

3. 방화를 목격한 사람이 있었다. (○ , ×)

4. 숭례문은 서울에서 가장 오래된 목조 건물이었다. (○ , ×)

5. 범인에 대한 정보를 바르게 말한 사람을 골라 보세요.

① 숭례문 방화가 범인의 첫 범행이야.

② 범인은 아무 이유 없이 범행을 저질렀어.

③ 범인은 강화도에서 잡혔어.

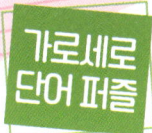
가로세로 단어 퍼즐

뉴스에 나온 단어를 기억하며, 퍼즐을 완성해 보세요.

	① 조			②		③ 제	
				관			
	④	만			⑤		⑥ 성
			⑦				
	⑧		과		⑨		
			⑩ 인	상			

가로 열쇠

① 1392년에 이성계가 고려를 무너뜨리고 세운 나라. 제4대 왕은 세종이며, 수도는 한양.
② 불을 끄기 위해 쓰는 물질.
④ 마음에 흡족하지 않음.
　년 왜 이렇게 ○○이 많니?
⑤ 왕이나 황제가 있던 도읍지가 성으로 이뤄져 있었다는 데서, '서울'을 이르는 말.
⑧ 이전에 죄를 지어 재판으로 확정된 형벌의 전력.
⑩ 사람의 생김새와 옷을 입은 모양.

세로 열쇠

① 사물의 내용을 명확히 알기 위해 자세히 살펴보거나 찾아봄.
② 화재를 예방·진압하고 국민의 생명이나 재산을 보호하는 공무원을 일상적으로 이르는 말.
③ 없애 버림.
④ 언제나 불을 옮겨붙일 수 있게 묻어 두는 불덩이.
⑥ 정성으로 내는 돈.
⑦ 어떤 원인으로 결말이 생김. 또는 그런 결말의 상태.
⑧ 남김없이 다 타 버림.
⑨ 피해를 보상하기 위해 주는 돈.

세상에, 이런 일이 벌어지다니!

채소로 만든 악기가 있다고?

신선한 채소로 악기를 만들고 연주까지 하는 오케스트라가 있습니다. 1998년에 창립된 '채소 오케스트라'는 오스트리아 빈을 기반으로 전 세계에 다양한 음악을 선보이고 있습니다. 단원들은 파슬리, 당근, 호박, 파 등 다양한 채소로 악기를 만듭니다. 당근으로 리코더를, 파로 만돌린을 만드는 식입니다. 대부분의 악기는 공연 후에 요리를 하거나 퇴비 등으로 처리합니다. 채소 오케스트라는 2025년 3월, '채소 오케스트라 최다 공연'으로 기네스 세계 기록을 남겼습니다. 음악을 통해 생명을 되돌아보고 환경 보호의 메시지를 전할 수 있다니, 정말 놀랍지 않나요?

매일 햄버거를 먹으면 어떻게 될까?

50년 넘게 매일 햄버거를 먹은 사람이 있습니다. 미국인 도널드 고스키는 1972년 5월 17일부터 2025년 3월 15일까지 맥도날드에서 파는 햄버거 '빅맥'을 무려 약 3만 5,000개 먹었습니다. 고열량인 패스트푸드는 비만, 심장 질환 등 여러 질병을 일으키지만, 다행히도 그의 건강은 양호했습니다. 그는 감자튀김은 먹지 않았고 매일 약 10km를 걸었다고 합니다. 고스키는 1999년에 '평생 빅맥을 제일 많이 먹은 사람'으로 기네스 세계 기록을 세웠고, 이후에도 자신의 기록을 계속 갱신했습니다.

가장 긴 귀를 가진 반려견을 소개합니다!

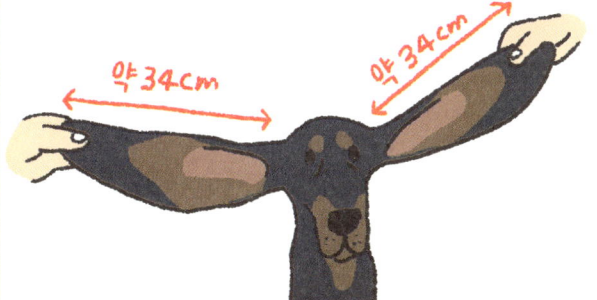

루는 쿤하운드 품종의 개입니다. 쿤하운드는 긴 귀가 특징이지만 루는 그중에서도 특히 길어서 2022년, 기네스 세계 기록에 등재되었습니다. 펼치면 각각 약 34cm나 되는 두 귀는 특별한 관리가 필요하진 않습니다. 다만 겨울이 되면 바닥에 쌓인 눈을 쓸고 다니지 않게 귀에 천을 씌워 준다고 합니다.

라푼젤의 기부

2024년, 루스 트립은 항암 치료 등으로 가발이 필요한 아이들을 위해 172cm의 머리카락을 기부했습니다. 어느 날, 트립의 자녀들은 그녀의 긴 머리를 보고 "공주 머리 같다."며 갖고 싶어 했습니다. 그 말을 들은 트립은 정말 필요한 사람들을 위해 자신의 머리카락을 기부해야겠다고 결심했습니다. 트립은 '가장 긴 머리를 기부한 여성'으로 기네스 세계 기록에 올랐답니다.

세계 최대 옥상 정원이 우리나라에?

충청남도 세종시에 위치한 정부 세종 청사는 중앙 행정 기관 중 하나입니다. 이곳 옥상에 있는 정원은 '가장 큰 옥상 정원'으로, 2016년에 기네스 세계 기록에 등재되었습니다. 15개의 건물을 연결한 전체 길이는 약 3.6km이고, 규모는 무려 축구장 12개를 합친 크기인 약 8만 8,000㎡입니다. 310종의 식물을 심었고, 전망대를 포함한 여러 휴식 공간도 마련되어 있습니다. 또, 옥상 정원 덕분에 1년에 14억 원의 냉난방 에너지 비용을 줄일 수 있답니다.

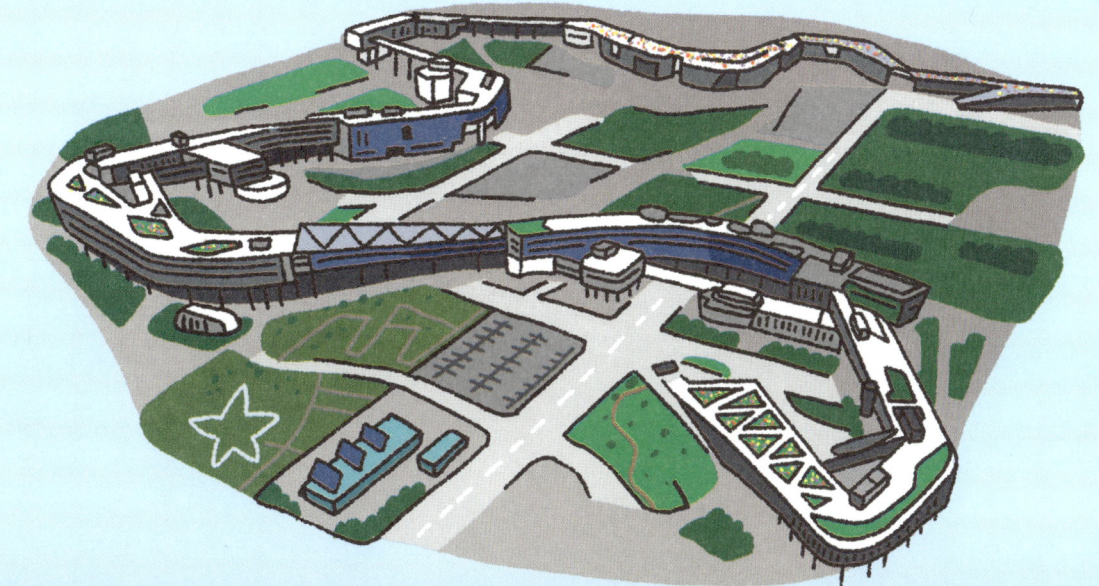

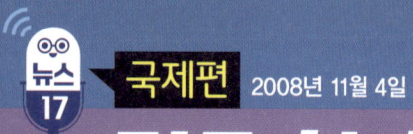

국제편 2008년 11월 4일

미국 첫 흑인 대통령, 버락 오바마

미국 역사상 처음으로 흑인 대통령이 탄생했습니다. 민주당의 버락 오바마는 공화당 대선 후보인 존 매케인에게 승리를 거두며 제44대 미국 대통령으로 선출되었습니다. 오바마의 당선은 미국 역사에 큰 변화를 가져올 상징적인 사건이라고 평가받았습니다.

오바마는 1961년 8월 4일, 미국 하와이주 호놀룰루에서 태어났습니다. 아버지는 케냐 출신의 흑인이었고, 어머니는 미국 출신의 백인이었습니다. 혼혈인 오바마는 부모님의 이혼과, 인도네시아와 하와이주를 오가는 생활 속에서 정체성에 혼란을 느끼며 힘든 어린 시절을 보냈습니다.

그러나 대학교에서 정치와 법을 공부해 인권 변호사로 활약했습니다. 1996년에는 일리노이주 상원 의원*에 당선되었으며, 나아가 2004년에는 압도적인 표 차이로 일리노이주 연방 상원 의원에 당선되어 중앙 정치 무대에 들어섰습니다. 그리고 마침내 민주당 대선 후보에 나섰고, 2008년 대통령으로 확정되었습니다.

감동을 주는 연설과 과감한 결단력, 변화를 위한 개혁 의지는 오바마를 단숨에 미국의 지도자로 만들었습니다. 오바마는 2012년, 연임에 성공해 8년 동안 대통령직을 수행했습니다.

*상원 의원: 미국 국회의 의원으로, 각 주의 대표. 주 상원 의원은 각 주별 문제를, 연방 상원 의원은 주를 대표해서 국가 문제를 다룸.

뉴스 하나더

오바마 대통령, 노벨 평화상을 받다

2009년 10월 9일, 버락 오바마 대통령이 노벨 평화상을 받았습니다. 국제 외교와 협력에 기여한 점을 인정받은 것입니다. 오바마는 대화와 타협으로 분쟁을 해결하기 위해 꾸준히 노력했습니다. 핵무기가 없는 세상을 만들겠다는 '비핵화'라는 목표를 내세우고 지속적으로 추진했습니다. 오바마 대통령은 "인류 공통의 과제를 위해 힘쓰라는 뜻으로 받아들이겠다."며 소감을 밝혔습니다.

▲노벨 평화상 앞면

어휘 술술

그림을 보며 단어의 뜻을 익혀 보세요.

대선은 대통령을 뽑는 선거를 말해.

서로 인종이 다른 혈통이 섞이거나 그 혈통을 가리켜 **혼혈**이라고 해.

뛰어난 재주로 남을 꼼짝 못 하게 하는 것을 **압도적**이라고 해.

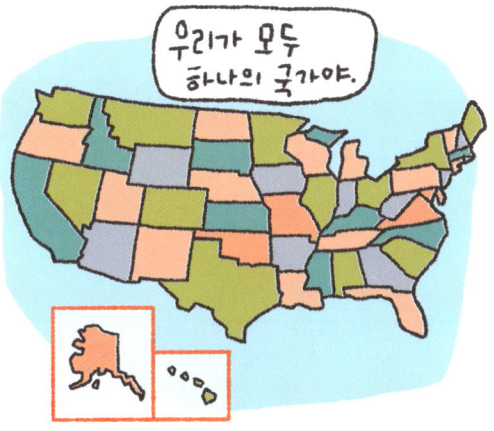

자치권을 가진 여러 나라가 연합해 구성하는 국가를 **연방**이라고 불러.

뉴스 완벽 체크

문제를 풀어 보세요.

1. 오바마 대통령은 케냐 출신의 부모님 밑에서 자랐다. (○ , ×)

2. 오바마 대통령은 대학교에서 정치와 법을 공부했다. (○ , ×)

단어와 그림 연결하기

그림을 보고, 보기 에서 알맞은 단어를 골라 빈칸을 채워 보세요.

| 보기 | 변호사   연설   결단력   상징적 |

1. 저는 ☐☐ 을 잘하는 사람입니다.

2. 제 직업은 ☐☐☐ 입니다.

3. ☐☐☐ 이 부족하면 자꾸 망설이게 돼요!

4. 평화의 ☐☐☐ 인 동물은 언제부터 비둘기였을까?

공통 글자 찾기

공통으로 들어가는 글자를 채워 보세요.

1

① 북아메리카 대륙의 가운데에 있는 연방 공화국. 수도는 워싱턴이며, 제44대 대통령은 오바마.
② 나라 사이에 관계됨.

2

① 흑색 인종에 속하는 사람.
② 백색 인종에 속하는 사람.

3
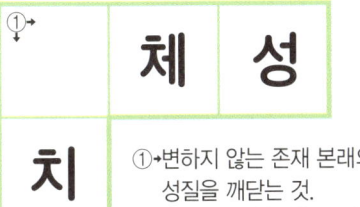
① 변하지 않는 존재 본래의 성질을 깨닫는 것.
○○○에 혼란을 느끼다.
① 나라를 다스리는 일.

4
① 마주 대해 이야기를 주고받음. 또는 그 이야기.
| ① 대 |
| ② 비 | 핵 |
② 핵무기가 없어짐. 또는 핵무기를 없게 함.

5
① 다른 나라와 정치적, 경제적, 문화적 관계를 맺는 일.
| | ① 외 |
| ② 대 | 학 |
② 고등 교육을 베푸는 교육 기관.

6
| ① 타 | ② |
| | 력 |
① 어떤 일을 서로 양보해 협의함.
② 힘을 합해 서로 도움.

뉴스 논술

노벨상처럼 내 이름을 딴 상이 있다면 주고 싶은 인물과 그 이유를 써 보세요.

인물:

이유:

> 평소에 훌륭하다고 생각한 사람을 떠올려 보세요.

새로운 바이러스의 무서운 등장, 신종 플루

2009년, 전 세계가 신종 플루의 공포에 휩싸였습니다. 이 호흡기 질환은 '신종 인플루엔자 A(H1N1)'를 말하는데, A형 유행성 감기 바이러스가 변이해서 생긴 새로운 바이러스입니다. 4월, 미국 캘리포니아주에서 한 어린이가 확진된 것을 시작으로 하루가 다르게 감염자와 사망자를 쏟아 냈습니다. 세계 보건 기구(WHO)는 약 2달 뒤인 6월 11일에 감염병 경보 단계 중 최고인 팬데믹을 선언하며 신종 플루의 위험성을 전 세계에 알렸습니다.

신종 플루는 감염된 사람의 재채기나 기침에서 나온 바이러스가 호흡기로 들어오면서 전염됩니다. 바이러스가 묻어 있는 물체에 접촉한 손으로 코나 입을 만졌을 때도 감염될 수 있습니다. 따라서 감염 예방을 위해 마스크를 사용하고 철저한 위생 관리가 필요했습니다. 신종 플루의 증상은 고열, 기침, 인후통, 콧물 등으로 독감과 비슷합니다.

국내에서도 2009년 5월 2일, 첫 확진자를 시작으로 10월 중순 이후에 대유행했습니다. 하루 평균 4,220명의 감염자가 발생했을 정도입니다.* 정부는 감염을 막기 위해 해외 입국자 검역을 강화했고, 일부 학교는 휴교에 들어갔습니다. 또 10월 27일부터 백신 접종을, 30일부터는 치료제인 타미플루의 적극적인 처방을 시작했습니다.

*2009년 10월 19일부터 24일까지의 수치. 신종 플루 유행 당시 국내 누적 확진자는 약 75만 명, 사망자는 약 260명.

뉴스 하나 더

전 세계를 떨게 한 또 하나의 감염병, 메르스

'중동 호흡기 증후군'을 가리키는 메르스는 2012년, 사우디아라비아에서 처음 발생한 호흡기 질환입니다. 이 질환은 단봉낙타와의 접촉으로 전염된다고 알려졌습니다. 사람끼리는 주로 비말 감염으로 전파되며, 국내에서는 2015년에 첫 메르스 확진자가 발생했습니다. 이후 국내에서 187명이 확진되었고 38명이 숨진 것으로 파악됐습니다.

어휘 술술

그림을 보며 단어의 뜻을 익혀 보세요.

바이러스는 병의 원인이 되는 아주 작은 미생물을 말해.

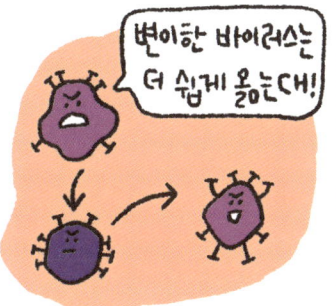

같은 종에서 모양과 성질이 다른 개체가 존재하는 현상을 **변이하다**라고 해.

확진되다는 확실하게 진단이 되는 것을 말해.

인후통은 목구멍이 아픈 병이나 그런 증상을 가리키는 말이야.

해외에서 감염병이나 해충이 들어오는 것을 막기 위해 공항과 항구에서 하는 일들을 통틀어 **검역**이라고 해.

뉴스 제목 이해하기

뉴스 제목을 읽고 내용을 바르게 추측한 사람을 골라 보세요.

❶ 새로운 바이러스 때문에 심각한 일이 벌어진 것 같아.

❷ 새로운 바이러스가 등장해서 과학이 발전하고 있다는 내용일 것 같아.

뉴스 완벽 체크

문제를 풀어 보세요.

1. 신종 플루는 전 세계적으로 유행했다. (○ , ×)

2. 신종 플루는 소화기 질환이다. (○ , ×)

3. 2009년 6월 11일, 세계 보건 기구가 팬데믹을 선언했다. (○ , ×)

4. 신종 플루의 증상이 <u>아닌</u> 것을 골라 보세요.

❶ 고열   ❷ 콧물   ❸ 골절

5. 신종 플루의 치료제 이름을 써 보세요.

(   )

단어 미로 찾기

빈칸에 들어갈 알맞은 단어를 따라 미로 길을 가 보세요.

뉴스 논술

뉴스에서 새롭게 알게 된 점을 1가지만 써 보세요.

뉴스 19 경제편 2009년 6월 23일

새로운 지폐의 등장, 5만 원권 시대 개막

  2009년 6월 23일, 5만 원권이 처음 유통됐습니다. 1973년에 1만 원권이 발행된 이후 36년 만이었습니다. 물가와 국민 소득이 상승하면서 경제 규모에 맞는 고액권*이 필요했기 때문입니다.

  주로 화폐에는 나라의 자랑스러운 인물이나 나라를 대표하는 인물을 넣습니다. 따라서 5만 원권에는 조선 시대의 화가이자, 율곡 이이의 어머니인 신사임당이 새겨졌습니다. 대한민국에서 처음으로 화폐에 여성을 등장시킨 것입니다. 이는 여성의 사회적 역할이 중요해졌음을 반영했다고 볼 수 있습니다. 또한 5만 원권은 황색입니다. 세로 길이는 68mm로 1천 원권, 5천 원권, 1만 원권과 동일하지만 가로 길이는 154mm로 가장 깁니다.

  5만 원권이 등장하며 소비자는 지폐를 선택하는 폭이 넓어졌습니다. 1만 원권 5장을 5만 원권 1장으로 대신할 수 있기 때문에 현금 거래를 위한 휴대가 간편해진 것도 긍정적인 효과입니다.

  물론 물가가 상승하거나, 위조지폐 범죄의 피해와 뇌물 등의 금액이 커진다는 문제점도 따랐습니다. 거스름돈을 주기 힘들다는 단점도 있었지만, 화폐를 제조하고 관리하는 비용이 눈에 띄게 줄었습니다. 5만 원권은 우리 사회에 중심 권종으로 자리매김했습니다.

*고액권: 큰 액수의 지폐.

▲발행되는 5만 원권, 출처: 연합뉴스

뉴스 하나 더

10만 원권은 안 나오나요?

2007년, 한국은행이 고액권 발행 계획을 발표할 당시에는 5만 원권과 함께 10만 원권에 대한 이야기도 나왔습니다. 10만 원권의 인물은 독립운동가 김구로 선정되었으나, 정부의 반대로 발행이 중단되어 결국 5만 원권만 세상에 나왔습니다. 5만 원권 발행과 마찬가지로 물가 상승이나, 위조지폐와 뇌물 등 불법적 화폐 유통의 가능성이 있어서 10만 원권 발행은 무기한 연기된 상태입니다.

▲김구

어휘 술술

그림을 보며 단어의 뜻을 익혀 보세요.

어떤 시대나 상황의 시작을 비유적으로 **개막**이라고 해.

유통되다는 화폐나 물품 등이 세상에서 널리 쓰이는 것을 말해.

사고팔 때 현금을 쓰는 거래를 **현금 거래**라고 해.

위조지폐는 진짜처럼 보이게 만든 가짜 지폐야.

뉴스 제목 이해하기

뉴스 제목에 나온 지폐를 골라 보세요.

뉴스 완벽 체크

문제를 풀어 보세요.

1. 5만 원권은 우리나라 지폐 중 세로 길이가 가장 길다. (○ , ×)

2. 1만 원권 5장 가격이 5만 원권 1장과 같다. (○ , ×)

3. 고액권이 발행되면 위조지폐 범죄의 피해 금액이 줄어든다. (○ , ×)

4. 빈칸에 들어갈 단어를 보기 에서 골라 간추린 뉴스를 완성해 보세요.

> 보기   화폐   휴대   조선   여성   신사임당

　　2009년 6월 23일, 5만 원권이 유통됐다. 일반적으로 ☐☐ 에는 나라를 대표하는 인물을 넣는다. 5만 원권에는 ☐☐ 시대 인물인 ☐☐☐ 이 새겨졌다. 대한민국 지폐에 들어간 최초의 ☐☐ 인 것이다. 고액권의 등장으로 소비자가 지폐를 선택하는 폭이 넓어졌고, 현금 ☐☐ 이/가 간편해졌지만, 물가 상승이나 위조지폐 범죄 등 다양한 문제점도 있다.

반대말 찾기

반대말끼리 연결해 보세요.

상승하다 •   • 짧다

길다 •   • 장점

단점 •   • 하강하다

가로세로 단어 찾기

보기의 단어를 가로세로에서 찾아보세요.

> ① **물가**: 물건의 값.
> ② **무기한**: 언제까지라고 정한 기한이 없음.
> ③ **국민 소득**: 보통 1년 동안 한 나라의 국민이 생산 활동으로 얻은 생산물의 총액.
> ④ **뇌물**: 어떤 직위에 있는 사람을 이용하기 위해 넌지시 건네는 부정한 돈이나 물건.
> ⑤ **발행**: 화폐, 증권, 증명서 등을 만들어 널리 쓰도록 함.

이	조	부	국	만	전	족	폐
금	천	지	민	극	미	뇌	물
무	기	한	소	수	발	정	가
화	휴	원	득	외	행	벌	이

과학편 2009년 11월 28일

아이폰의 등장과 대한민국 상륙! 국내에서 베일을 벗다

 컴퓨터를 만드는 회사인 애플은 2007년, 미국에서 엠피스리(MP3) 플레이어인 '아이팟'에 휴대 전화와 모바일 인터넷 기능을 넣어 복합 기기인 '아이폰'을 처음 발표했습니다. 이듬해, '아이폰 3G'와 함께 응용 프로그램을 판매하는 서비스인 '앱 스토어'를 세상에 내놓았습니다. 아이폰에서 쓰는 소프트웨어*를 외부 개발자들이 등록하고 팔 수 있도록 한 것입니다.

 그리고 2009년 6월, '아이폰 3GS'를 발표했습니다. 여기서 'S'는 속도(Speed)를 의미하며, 당시 이 모델을 가리켜 역대 가장 빠르고 성능이 뛰어나다고 소개했습니다.

 아이폰 3GS는 이전에 비해 게임, 웹사이트 등의 구동 속도가 2~3배 빨랐습니다. 또 300만 화소 카메라가 탑재되었으며 영상 녹화와 편집 기능도 제공되었습니다. 이와 함께 애플은 기존 아이폰 3G 8GB**의 가격을 반값 가까이 내렸습니다. 사람들은 스마트폰 시장 점유율을 높이기 위한 것으로 추측했습니다.

 국내에서는 2009년 11월 28일에 아이폰이 처음 출시되었습니다. 바로 아이폰 3GS 모델로, 사전 예약만 6만여 명이 신청해 엄청난 인기를 보여 주었습니다. 이전까지 국내 기업이 이끌던 스마트폰 시장에 변화가 생긴 것입니다.

* 소프트웨어: 컴퓨터 프로그램 및 그와 관련된 문서들을 통틀어 이르는 말.
** GB: 기가바이트. 데이터의 양을 나타내는 단위.

뉴스 하나 더

줄 없는 이어폰이 출시됐다고?

2016년 9월, 애플은 '아이폰 7'과 함께 무선 이어폰 '에어팟'을 선보였습니다. 에어팟은 아이폰에 자동으로 연결되어 귀에 꽂으면 오디오가 재생되고 빼는 순간 멈추는 기능이 있습니다. 애플에서 개발한 전용 칩으로 이어폰이 귀에 꽂혔는지 빠졌는지를 감지하는 것입니다. 출시 초기에는 귀에 콩나물을 낀 것 같다는 부정적인 반응도 많았지만, 에어팟은 무선 이어폰이 유행하는 데 큰 영향을 주었습니다.

어휘 술술

그림을 보며 단어의 뜻을 익혀 보세요.

베일은 비밀스럽게 가려져 있는 상태를 비유적으로 이르는 말이야.

복합은 2가지 이상을 하나로 합친 것을 뜻해.

구동은 동력을 가해 움직이는 것을 뜻해.

기구, 장비 등에 어떤 기능이나 장치가 넣어지는 것을 **탑재되다**라고 해.

점유율은 물건이나 영역, 지위 등을 차지하고 있는 비율을 말해.

뉴스 제목 이해하기

뉴스 제목에서 '대한민국 상륙'의 뜻을 바르게 이해한 문장을 골라 보세요.

❶ 우리나라 땅에서 배로 실었다는 뜻이다.
❷ 배에서 우리나라 땅으로 올랐다는 뜻이다.
❸ 우리나라 땅으로 추락했다는 뜻이다.

뉴스 완벽 체크

문제를 풀어 보세요.

1. 아이폰 3GS에서 'S'의 뜻을 한글로 써 보세요.

(   )

2. 아이폰 3GS는 300만 화소의 카메라가 탑재되었다. (○ , ×)

3. 우리나라에서 처음 출시된 모델은 아이폰 3G이다. (○ , ×)

초성 퀴즈

초성을 보고, 알맞은 단어로 빈칸을 채워 보세요.

1. 나는 커서 컴퓨터 ㄱ ㅂ ㅈ 가 될 거야.

2. 저 빵집이 인기가 많은 이유를 ㅊ ㅊ 해 보자.

3. 새로 산 식기세척기는 ㅈ ㄷ 으로 작동돼.

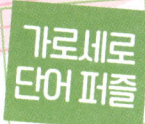

가로세로 단어 퍼즐

뉴스에 나온 단어를 기억하며, 퍼즐을 완성해 보세요.

		①		②	델
③ 컴					
		넷		일	
④				⑤ 성	
⑥ 기			⑦ 기		
		⑧			
⑨ 녹	⑩		⑪ 듬		
	소				

가로 열쇠

② 작품을 만들기 전에 미리 만든 물건이나 완성된 작품의 대표적인 보기.

③ 전자 회로를 이용한 고속의 자동 계산기.
○○○ 본체에 전원이 켜져 있니?

⑥ 이미 존재함.
새 신발은 ○○ 제품보다 좋다.

⑦ 하는 구실이나 작용을 함.
에어컨의 부품이 고장 나서 제 ○○을 하지 못한다.

⑨ 사물의 모습이나 움직임 등을 다시 볼 수 있도록 TV 카메라나 비디오카메라 등을 이용해 담아 둠.

⑪ 바로 다음의 해.

세로 열쇠

① 전 세계의 컴퓨터가 서로 연결되어 정보를 교환할 수 있는, 하나의 거대한 컴퓨터 통신망.

② 가지고 다니면서 사용할 수 있는 정보 통신 수단이나 기기.

④ 어떤 대상에 쏠리는 사람들의 높은 관심.

⑤ 기계 등이 지닌 성질이나 기능.

⑧ 2007년에 처음 공개된 애플이 만든 스마트폰.

⑩ TV나 사진 전송에서, 화면을 분해한 최소의 단위 면적. 화질을 비교하는 데 유용함.
300만 ○○의 카메라.

스포츠편 2010년 2월 26일

피겨 여왕 김연아, 대한민국에 피겨 첫 금메달을 안기다

　김연아 선수가 피겨 스케이팅의 역사를 새로 썼습니다. 캐나다에서 열린 2010 밴쿠버 동계 올림픽 피겨 여자 싱글 부문에서 1위를 차지한 것입니다. 김연아는 프리 스케이팅에서 150.06점을, 쇼트 프로그램에서 78.50점을 얻어 총 228.56점을 기록했습니다. 이는 당시 여자 싱글 부문 역대 최고점이었습니다. 미국의 한 중계방송에서는 김연아의 연기에 감명받은 해설진이 감탄사를 연발하며 "여왕 만세!"를 외치기도 했습니다.

　금메달을 목에 건 김연아는 뜨거운 눈물을 흘렸습니다. 은메달은 어린 시절부터 김연아와 라이벌로 불리던 일본의 아사다 마오 선수가, 동메달은 캐나다의 조아니 로셰트 선수가 차지했습니다.

　김연아의 활약은 갑작스러운 일이 아니었습니다. 출전한 모든 대회에서 3위 안에 든 일명 '올 포디움'의 소유자이기 때문입니다. 또 이번 금메달을 통해 올림픽, 세계 선수권 대회, 4대륙 선수권 대회, 그랑프리 파이널 여자 싱글 부문에서 모두 우승한 최초의 선수이기도 합니다.

　피겨 불모지에서 세계 1위로 우뚝 선 김연아로 인해 대한민국에 피겨 스케이팅 바람이 불었습니다.

뉴스 읽은 날:　　년　　월　　일

뉴스 하나더

대한민국, 피겨 스케이팅 무대를 이끌다

2025년, 중국에서 열린 하얼빈 동계 아시안 게임 피겨 스케이팅 종목에서 대한민국이 남녀 싱글 부문 모두 금메달을 차지했습니다. 남자 싱글에서는 차준환 선수가, 여자 싱글에서는 김채연 선수가 주인공이었습니다. 강력한 우승 후보였던 일본 선수들을 나란히 제친 둘은 시상대에 올라 태극기를 펼치고 환하게 웃었습니다. 특히 차준환이 피겨 남자 싱글에서 처음 메달을 땄다는 점에서 더욱 의미가 깊습니다.

어휘 술술

그림을 보며 단어의 뜻을 익혀 보세요.

일정한 기준에 따라 나눠 놓은 낱낱의 범위나 부분을 **부문**이라고 해.

해설진은 경기나 게임이 진행되는 상황을 알기 쉽게 풀어 설명하는 전문가 조직이야.

본명 이외에 한편에서 따로 부르는 이름을 **일명**이라고 해.

어떤 사물이나 현상이 발달되어 있지 않은 곳이나 상태를 **불모지**라고 불러.

뉴스 제목 이해하기

뉴스 제목에서 알 수 있는 정보를 골라 보세요.

❶ 금메달을 딴 선수의 국적
❷ 김연아 선수가 피겨를 시작한 연도
❸ 김연아 선수가 금메달을 따게 된 결정적인 이유

뉴스 완벽 체크

문제를 풀어 보세요.

1. 2010 동계 올림픽이 열린 나라를 ○ 해 보세요.

(밴쿠버 / 캐나다 / 미국)

2. 은메달은 일본 선수가 받았다. (○ , ×)

3. 출전한 모든 대회에서 3위 안에 든 것을 뭐라고 부르는지 써 보세요.

올 (   )

4. 뉴스 내용을 바르게 이해한 사람을 골라 보세요.

❶ 김연아 선수가 유일하게 메달을 땄네.

❷ 프리 스케이팅과 쇼트 프로그램 점수를 합쳐서 메달을 주는구나.

5. 뉴스에 나온 대회가 <u>아닌</u> 것을 골라 보세요.

❶ 그랑프리 파이널　　❷ 월드컵　　❸ 세계 선수권 대회

공통 글자 찾기

공통으로 들어가는 글자를 채워 보세요.

1

| 쇼 | 트 | ② | 로 | 그 | 램 |

세로: 리 스 케 이 팅

① 프리 스케이팅에서 점프, 스핀, 스텝 등 정해진 종류를 각자의 안무로 연기하는 과제 경기.
○○ ○○○○.

② 시간과 규정에 얽매이지 않고 자유로운 구성으로 타는 피겨 스케이팅.
○○ ○○○○.

2

세로: 피 겨 스 케
가로(②): 라 ▢ 벌
세로 아래: 팅

① 스케이트를 타고 얼음판에서 여러 동작을 해서 기술을 겨루는 경기 종목.
○○ ○○○○.

② 같은 분야에서 이기거나 앞서려고 서로 겨루는 맞수.

3

세로: 감 탄
②: 역

① 품사의 하나로, 말하는 사람의 느낌이나 응답 등을 나타내는 말의 갈래.

② 인류 사회의 변화와 생기고 없어지는 과정, 또는 그 기록.

뉴스 논술

김연아 선수가 뜨거운 눈물을 흘린 이유를 써 보세요.

우리는 어떨 때 눈물을 흘리는지 생각해 보세요.

뉴스 22 문화편 2010년 3월 18일

시간과 장소로부터 자유로운 메신저, 카카오톡 출시

2010년 3월 18일, 모바일 메신저 카카오톡이 출시되었습니다. 출시와 함께 입소문을 탄 카카오톡은 단숨에 모바일 플랫폼을 장악했습니다.

카카오톡은 스마트폰 사용자끼리 무료로 문자 메시지와 음성 및 사진, 동영상을 주고받을 수 있는 모바일 메신저입니다. 1:1 채팅은 물론, 여러 명이 모여서 그룹 채팅도 가능한 앱입니다. 이런 기능을 가진 피시 메신저도 있었지만 다양한 모바일 기기로 그룹 채팅을 하는 시도는 카카오톡이 처음이었습니다. 사용자들이 피시에서 벗어나 장소와 인원에 얽매이지 않고 실시간으로 소통할 수 있게 된 것입니다.

카카오톡은 연락처에 저장된 전화번호를 아이디로 인식합니다. 그래서 앱을 설치하면 연락처에서 이미 카카오톡을 설치한 사용자들이 친구 목록에 뜨게 됩니다. 이런 경제성과 편리성 때문에 기존에 단문 메시지 서비스(SMS)를 이용하며 불편함을 느꼈던 사람들의 반응은 폭발적이었습니다. 또한 유료 앱으로 비슷한 기능의 모바일 메신저를 이용하던 사람들도 하나둘씩 카카오톡을 사용하기 시작했습니다.

카카오톡은 대한민국 모바일 메신저의 새 시대를 열었다고 평가받고 있습니다.

뉴스 읽은 날 :   년   월   일

뉴스 하나 더

카카오톡이 멈추면 대한민국이 멈춘다?

2022년 10월 15일, 카카오톡이 마비되었습니다. 카카오톡을 운영하는 카카오 기업의 데이터 센터에서 불이 나면서 전력이 차단되었고, 이로 인해 서비스가 중단된 것입니다. 카카오 기업이 운영하는 다양한 앱에도 접속 오류가 발생했습니다. 사람들과 연락이 끊기는 것은 물론이고 은행 업무, 모바일 결제, 가상 거래 등 많은 서비스가 중단되었습니다. 카카오 기업은 사용자들의 막대한 피해로 이어진 이 사건을 교훈 삼아 안산시에 새로운 데이터 센터를 지었습니다. 2023년 9월에 준공된 센터는 화재와 정전을 대비하는 안전 시스템이 보완되었습니다.

어휘 술술

그림을 보며 단어의 뜻을 익혀 보세요.

모바일 메신저는 모바일 기기를 통해 실시간으로 정보를 주고받는 프로그램이야.

입에서 입으로 전하는 소문이 **입소문**이야.

실제 흐르는 시간과 같은 시간을 **실시간**이라고 해.

경제성은 자원, 노력, 시간 등이 적게 들면서 이득이 되는 성질이야.

짧은 글을 **단문**이라고 해.

뉴스 제목 이해하기

뉴스 제목을 읽고 내용을 바르게 추측한 사람을 골라 보세요.

❶ 카카오톡은 언제든 메신저를 할 수 있나 봐.

❷ 이전에도 카카오톡과 같은 무료 앱이 있었나 봐.

뉴스 완벽 체크

문제를 풀어 보세요.

1. 카카오톡은 무료여서 유료 앱을 이용하던 사람들을 끌어모았다. (○ , ×)

2. 카카오톡으로 할 수 <u>없는</u> 것을 골라 보세요.

❶ 1:1 채팅하기   ❷ 사진 주고받기   ❸ 친구 접속 상태 알기

3. 빈칸에 들어갈 단어를 보기 에서 골라 간추린 뉴스를 완성해 보세요.

| 보기 | 그룹   편리성   앱   유료   메시지 |

2010년 3월 18일, 카카오톡이 출시됐다. 카카오톡은 무료로 메시지를 주고받으며, 여러 명이 모여서 ☐☐ 채팅을 할 수도 있다. 카카오톡 ☐을 설치하면 연락처에서 이미 카카오톡을 설치한 사용자들이 친구 목록에 뜬다. 이런 경제성과 ☐☐☐ 때문에 기존 단문 ☐☐☐ 서비스에 불편함을 느낀 사람들이나 ☐☐ 앱 사용자들이 하나둘씩 카카오톡을 사용하기 시작했다.

단어와 그림 연결하기

그림을 보고, 보기 에서 알맞은 단어를 골라 빈칸을 채워 보세요.

보기   무료   인식   저장   폭발적   마비   차단

1. 콘서트에서 그 가수를 보니까 심장이 ㅁㅂ 될 것 같아!

2. ㅁㄹ 배송 서비스입니다.

3. 아이돌 사진이 폴더에 ㅈㅈ 돼 있어.

4. 캐릭터 과자는 출시되자마자 반응이 ㅍㅂㅈ이었어.

5. 광고가 ㅊㄷ 됐어.

6. 큐알 코드를 ㅇㅅ 하면 곧바로 동영상이 재생돼.

뉴스 논술

부모님께 바라는 점을 20자가 넘지 않게 단문 메시지로 써 보세요.

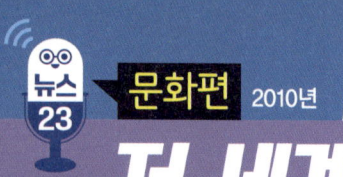

전 세계 사람들과 소통하다, SNS 열풍

　SNS의 인기가 급성장했습니다. SNS는 인터넷 공간에서 다른 사람들과 교류할 수 있게 해 주는 소셜 네트워크 서비스입니다. SNS가 인기를 얻은 배경에는 스마트폰을 꼽을 수 있습니다. 스마트폰을 통해 언제 어디서든 SNS에 접속하면서 가상 공간에서의 소통이 편리해진 것입니다. 그중에서도 트위터*와 페이스북의 성장이 두드러졌습니다.

　2006년에 서비스를 시작한 트위터는 140자 이하의 짧은 문장을 주고받을 수 있었습니다. 연락처를 몰라도 실시간으로 메시지를 쓰고 공유하며 정보를 쉽고 빠르게 전달한다는 것이 큰 장점이었습니다. 직접 만나기 힘든 사람들과도 생각을 나누고 교류할 수 있어서 많은 사람을 끌어모았습니다.

　2004년에 시작한 페이스북은 친구를 맺은 사람들의 게시물을 실시간으로 확인하고, 그에 대한 반응을 쉽게 표현할 수 있습니다. 관심사가 같거나 원하는 사용자를 찾아 친구를 맺고, 빠르게 소통하는 것을 무기로 성장했습니다. 2010년에는 정보의 이동량이 구글을 앞질러 인터넷의 유행이 포털 사이트에서 SNS로 바뀌는 데 앞장섰습니다.

　SNS는 사회·문화·예술 등 다양한 분야에 큰 영향을 미치며 필수적인 소통 수단이 되었습니다. SNS 덕분에 전 세계 사람들이 이웃이 된 것입니다. 그러나 이로 인해 다른 사람과 자신의 일상을 비교해 불안이나 우울을 느끼는 사람도 늘었습니다. 사용자들은 SNS의 무분별한 사용을 주의하며 현명한 소통을 이어 나가야 합니다.

*트위터: 2017년부터 제한된 글자 수를 꾸준히 늘리고 있으며, 2023년에는 이름을 'X'로 변경했음.

뉴스 하나더

새로운 SNS, 인스타그램의 시대!

2018년, 인스타그램*이 국내 SNS 사용자 수에서 페이스북을 제쳤습니다. 인스타그램은 글보다 사진이나 영상을 더 집중적으로 게시할 수 있는 SNS입니다. 게시물에 대한 반응과 공유 기능도 있습니다. 원하는 주제의 게시물을 검색하고 관심 있는 사용자를 구독하는 '팔로' 기능과, 알고리즘을 통해 사용자의 관심사에 맞는 게시물을 자동으로 제공하는 기능이 특징입니다.

* 페이스북으로 시작한 회사 '메타 플랫폼스'는 2012년에 인스타그램을 인수했음.

어휘 술술

그림을 보며 단어의 뜻을 익혀 보세요.

소통하다는 오해가 없도록 뜻을 서로 통하는 것을 말해.

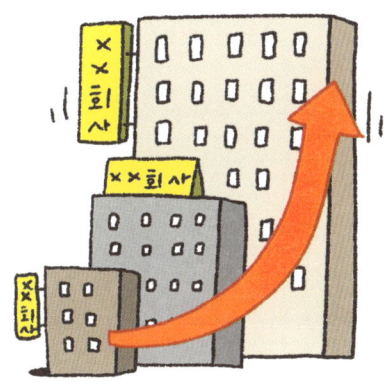

사물의 규모가 급격하게 커지는 것을 **급성장하다**라고 해.

가상 공간은 컴퓨터에 의해 현실이 아닌 허상으로 만들어진 공간이야.

게시물은 사람들에게 알리기 위해 두루 보게 한 글이나 물건이야.

뉴스 제목 이해하기

뉴스 제목을 읽고 내용을 바르게 추측한 사람을 골라 보세요.

❶ 사람들과 소통하는 다양한 방법을 알려 주는 내용일 것 같아.

❷ 수많은 사람이 SNS를 이용한다는 내용일 것 같아.

뉴스 완벽 체크

문제를 풀어 보세요.

1. SNS는 사람들과 어디에서 교류하는 서비스인지 골라 보세요.

❶ 게임   ❷ 인터넷   ❸ 사회

2. 2006년에 트위터는 140자 이상의 문장만 주고받을 수 있었다.   (○ , ×)

3. 밑줄 친 단어와 같은 뜻으로 쓰인 문장을 골라 보세요.

SNS가 인기를 얻은 배경에는 스마트폰을 꼽을 수 있습니다.

❶ 우리 반에서 꼽은 올해의 인물은 반장이야.
❷ 중간고사가 며칠 남았는지 손가락을 꼽아 볼까?
❸ 아무리 꼽아 봐도 삼촌의 나이를 세는 건 어려워.

단어 미로 찾기

빈칸에 들어갈 알맞은 단어를 따라 미로 길을 가 보세요.

- 출발 → 요즘 요리 영상을 많이 찾아봤더니 ▢을 통해 요리 영상이 계속 뜨네!
- 알고리즘
- 전선
- 사용자가 많이 ▢하면 오류가 나.
- 안전
- ▢한 정보 사용은 위험해.
- 접속
- 시속
- 무분별
- 현명
- 화가 나더라도 ▢하게 대처해야지.
- 선명
- 관심사
- 도착
- 메시지
- 엄마가 전화를 받지 않으셔서 ▢를 남겼어.

뉴스 논술

SNS에 추가하고 싶은 기능을 1가지만 써 보세요.

SNS를 사용하면서 불편했던 점을 떠올려 보세요.

국제편 2011년 3월 11일~15일

일본 후쿠시마 원전 사고, 방사능 공포 확산

　2011년 3월 11일, 일본 혼슈 동북부 지역의 앞바다에서 규모 9.0의 대지진이 발생했습니다. 지진의 여파로 초대형 쓰나미가 후쿠시마 제1 원전을 덮치고 말았습니다. 원전 1~4호기의 원자로에 전력 공급이 차단되자 냉각수 공급이 중단되었고, 원자로 내부의 온도와 압력이 상승했습니다. 결국 3월 12일에는 1호기가, 14일에는 3호기가, 15일에는 2호기가 연쇄적으로 폭발했으며 4호기 역시 화재가 발생했습니다.

　이 사고로 방사능 물질이 대량으로 누출되어 토양, 해양, 대기 등의 환경이 심하게 오염되었습니다. 후쿠시마 원전 주변의 방사선이 인체에 해로운 수치까지 올라갔는데, 15일을 기준으로 3호기와 4호기 사이에서 시간당 최대 400mSv*의 방사선량이 측정되었습니다. 이는 1년 동안 한국인에게 노출되는 방사선량의 약 100배입니다.

　전문가들은 방사능에 의한 피해가 심각할 것으로 예상했습니다. 엄청난 양의 방사선은 여러 질병을 유발하고 DNA를 변형시킬 수 있기 때문입니다. 결국 4월 12일, 일본 정부는 후쿠시마 원전 사고의 국제 원자력 사고 등급을 최고 등급인 7단계로 조정했습니다. 이는 사상 최악의 원전 사고로 알려진 체르노빌 원전 사고**와 동일한 단계입니다. 후쿠시마뿐만 아니라 일본, 우리나라를 넘어 전 세계로 공포가 확산되었습니다.

---

* mSv: 밀리시버트. 방사선량을 측정하는 단위.
** 체르노빌 원전 사고: 1986년 4월, 체르노빌의 원전 4호기가 폭발해 방사성 물질이 대량으로 누출된 사고.

뉴스 읽은 날: 년   월   일

뉴스 하나 더

다양한 분야에서 활용되는 방사선 기술

방사성 물질에서 나오는 에너지의 흐름을 방사선이라고 합니다. 방사선은 질병을 치료하는 데 꼭 필요합니다. 엑스레이와 시티 촬영 등을 해서 몸의 내부 구조와 상태를 확인하고, 암세포를 죽일 때에도 쓰이기 때문입니다. 한편, 불법 물질의 반입이나 반출을 막기 위한 보안 검사나 방사선으로 식물의 특성을 바꾸는 품종 개량 연구 등에도 널리 활용되고 있습니다. 이처럼 적당한 양의 방사선은 우리 삶에 유용하게 쓰입니다.

▲보안 검사에 활용되는 방사선 기술

어휘 술술

그림을 보며 단어의 뜻을 익혀 보세요.

원자핵이 붕괴할 때 생기는 열에너지로 전기를 얻는 '원자력 발전소'를 **원전**이라고 해.

방사능은 라듐, 우라늄, 토륨 같은 원소의 원자핵이 붕괴하면서 방사선을 방출하는 것을 말해.

원자로는 원자핵이 연쇄적으로 분열하는 속도를 조절해 원자력을 서서히 끌어내는 장치야.

액체나 기체 등이 밖으로 새어 나오는 것을 **누출되다**라고 해.

뉴스 완벽 체크

문제를 풀어 보세요.

1. 후쿠시마 원전 사고의 원인을 골라 보세요.

   ① 대지진이 발생했다.
   ② 초대형 쓰나미가 후쿠시마를 피해 갔다.
   ③ 원자로에 너무 많은 전력이 공급되었다.

2. 방사능 물질이 대량으로 누출되면 환경이 오염된다. (○ , ×)

3. 후쿠시마 원전 사고의 국제 원자력 사고 등급을 써 보세요.

   (　　　　)단계

가로세로 단어 찾기

보기의 단어를 가로세로에서 찾아보세요.

보기
① **공급**: 요구나 필요에 따라 물품 등을 제공함.
② **인체**: 사람의 몸.
③ **방사선**: 방사성 물질에서 나오는 에너지의 흐름.
④ **엑스레이**: 눈으로 볼 수 없는 물체의 내부를 엑스선을 이용해 찍는 사진.

공	급	가	유	수	동	인	체
시	마	박	세	토	방	프	말
자	코	울	권	양	사	한	디
엑	스	레	이	소	선	연	구

단어와 그림 연결하기

그림을 보고, 보기 에서 알맞은 단어를 골라 빈칸을 채워 보세요.

보기   초대형   반입   반출   여파   차단   대기

1. ㄷㄱ 오염이 심각해!

2. 음식물은 ㅂㅇ 금지예요!

3. 어제 밤샘 게임의 ㅇㅍ로 시험을 망쳤어.

4. 일제 강점기 때 해외로 ㅂㅊ된 문화재가 많아요.

5. 산사태 때문에 길이 ㅊㄷ됐어요.

6. ㅊㄷㅎ 인형과 기념사진을 찍었어요!

국제편 2011년 10월 5일

21세기 혁신의 아이콘, 스티브 잡스 사망

2011년 10월 5일, 미국 기업인 애플의 공동 창업자이자 전 최고 경영자(CEO)인 스티브 잡스가 사망했습니다. 애플은 잡스의 명석함과 열정, 에너지가 우리의 삶을 풍요롭게 해 준 혁신의 원동력이었음을 밝히며 애도했습니다.

잡스는 1976년, 고등학교 친구인 스티브 워즈니악과 함께 부모님의 집 차고에서 애플을 창업했습니다. 그리고 개인용 컴퓨터인 '애플 1'을 선보였습니다.

1985년, 경영진과의 분쟁으로 애플을 떠난 잡스는 '넥스트'라는 컴퓨터 회사를 세웠습니다. 또 1986년에는 영화 제작사인 '루커스필름'에서 '픽사'를 사들였습니다. 이곳에서 1995년, 세계 최초의 컴퓨터 그래픽 장편 애니메이션인 <토이 스토리>가 나왔습니다.

1997년, 경영 위기에 처한 애플은 넥스트를 인수했습니다. 애플로 다시 돌아온 잡스는 소형 컴퓨터인 '아이맥', 휴대용 음악 재생 기기인 '아이팟', 스마트폰인 '아이폰', 태블릿 피시인 '아이패드'를 잇따라 성공시켰습니다. 애플 제품의 대중화에 큰 기여를 한 것입니다.

검은 티셔츠에 청바지를 입은 잡스의 모습을 다시는 볼 수 없게 되었습니다. 잡스가 만든 제품에 영향을 받았던 전 세계 사람들은 추모의 공간을 찾아 메시지를 남기고, SNS에 글을 올리는 등 저마다의 방식으로 잡스를 추모했습니다.

뉴스 하나 더

왜 하필 사과일까?

애플의 로고가 사과인 이유에 대해서는 의견이 다양합니다. 첫 번째로 초기 애플의 로고가 만유인력의 법칙을 발견한 아이작 뉴턴의 그림이었다는 점에서 뉴턴에게 영감을 받았다는 주장이 있습니다. 두 번째로 독이 묻은 사과를 먹고 사망한 '컴퓨터의 아버지' 앨런 매시선 튜링을 존경하기 때문이라는 의견도 있습니다. 마지막으로, 애플의 공동 창업자였던 스티브 워즈니악이 한 인터뷰에서 스티브 잡스가 사과 과수원을 다녀온 뒤 '애플'이라는 이름을 제시했다고 밝혔습니다.

어휘 술술

그림을 보며 단어의 뜻을 익혀 보세요.

풍속, 관습, 방법 등을 완전히 바꿔 새롭게 하는 것을 **혁신**이라고 해.

회사 등을 처음으로 세운 사람을 **창업자**라고 해.

생각이나 판단력이 분명하고 똑똑한 것을 **명석하다**라고 해.

제작사는 새로운 물건이나 예술 작품을 만드는 회사야.

사람들 사이에 널리 퍼져 친숙해지거나 그렇게 되게 하는 것을 **대중화**라고 해.

뉴스 제목 이해하기

뉴스 제목에서 '아이콘'의 뜻을 바르게 이해한 문장을 골라 보세요.

① 다른 사람에게 영향을 받은 사람을 뜻한다.
② 새로 등장한 인물을 뜻한다.
③ 어떤 분야를 대표하거나 그 분야에서 최고인 사람을 뜻한다.

뉴스 완벽 체크

문제를 풀어 보세요.

1. 애플은 잡스 혼자 세운 회사이다. (○ , ×)

2. 잡스는 경영진과의 분쟁으로 애플에서 나온 뒤 다시 돌아가지 않았다.
(○ , ×)

3. 〈토이 스토리〉는 세계 최초의 컴퓨터 그래픽 장편 애니메이션이다.
(○ , ×)

4. 잡스가 애플을 떠난 뒤, 1985년에 세운 회사의 이름을 써 보세요.
(   )

5. 뉴스에 나오지 <u>않은</u> 사람을 골라 보세요.

① 뉴턴   ② 튜링   ③ 아인슈타인

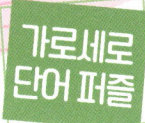

가로세로 단어 퍼즐

뉴스에 나온 단어를 기억하며, 퍼즐을 완성해 보세요.

	① 로		②	수	③	
④						
			⑤ 워		력	
⑥		⑦ 애			이	
⑧ 장						
		⑨				
⑩		퓨			⑪ 픽	
		뷰				

가로 열쇠

② 먹을 수 있는 열매의 나무를 심은 밭. 배나무, 감나무, 사과나무 등을 가꿈.
④ 자동차, 기차, 전차 등의 차량을 넣어 두는 곳. 애플은 ○○에서 탄생했어!
⑦ 만화나 인형이 마치 살아 있는 것처럼 생동감 있게 촬영한 영화. 또는 그 영화를 만드는 기술.
⑧ 내용이 길고 복잡한 영화나 소설 등을 이르는 말.
⑩ 컴퓨터를 이용해 데이터를 도형으로 바꿔 그림으로 화면에 나타내는 방법. 이 영화는 ○○○ ○○○으로 물속 세상을 표현했다.

세로 열쇠

① 둘 이상의 문자를 짜맞춰 특별하게 디자인한 것. 회사나 상품의 이름에서 흔히 볼 수 있음.
③ 어떤 움직임의 근본이 되는 힘. 경제 성장의 ○○○.
⑤ 잡스와 함께 애플을 창업한 미국의 컴퓨터 기술자. 스티브 ○○○○.
⑥ 자기의 의견이나 주의를 굳게 내세움. 또는 그런 의견이나 주의.
⑨ 어떤 목적을 갖고 개인이나 집단을 만나 정보를 모으고 이야기를 나누는 일. 또는 그런 것.
⑪ 잡스가 영화 제작사인 '루커스필름'에서 사들인 애니메이션 스튜디오.

문화편 2011년 12월 1일

TV 채널이 많아진다고?
종합 편성 채널 출범

2011년 12월 1일, 종합 편성 채널인 JTBC, TV조선, 채널A, MBN이 방송을 시작했습니다. 종합 편성 채널은 지상파 방송처럼 보도, 오락, 교양, 스포츠, 영화 등 여러 분야의 프로그램을 편성할 수 있는 채널입니다.

종합 편성 채널은 지상파 방송과 다른 점이 많았습니다. 먼저 지상파 방송은 국가가 제공하는 전파를 통해 전달되며 안테나만 설치하면 누구나 무료로 시청할 수 있습니다. 종합 편성 채널이 출범한 당시에는 TV 프로그램이 끝나야 광고를 틀 수 있어서 차이점이 컸습니다.*

그러나 종합 편성 채널은 케이블이나 위성을 통해 송출하며, 시청료를 내야 볼 수 있습니다. 또한 지상파 방송보다 광고에 대한 규제가 적어 TV 프로그램 도중에 중간 광고를 트는 것이 허락됐습니다. 비교적 다양한 프로그램을 편성할 수 있는 것도 큰 특징이었습니다.

종합 편성 채널이 출범하면서 시청자는 선택의 폭이 넓어졌습니다. 덕분에 재미있고 새로운 프로그램도 많이 생겨났습니다.

*2021년 7월, 지상파 방송에도 중간 광고를 넣을 수 있게 되었음.

뉴스 읽은 날: 년   월   일

뉴스 하나 더

인터넷으로 방송을 보는 시대!

OTT는 인터넷을 통해 영화, 드라마, 예능 프로그램 등 다양한 미디어 콘텐츠를 제공하는 유료 구독 서비스입니다. 넷플릭스, 티빙, 웨이브, 왓챠, 쿠팡플레이 등이 대표적입니다. OTT는 스마트폰이나 TV, 컴퓨터 등으로 언제 어디서든 이용할 수 있습니다. 또한 세계의 다양한 프로그램 및 영화 등을 시청자가 직접 선택할 수 있어서 인기가 높습니다.

어휘 술술

그림을 보며 단어의 뜻을 익혀 보세요.

출범은 단체가 새로 조직되어 일을 시작하는 것을 말해.

수신 장치만 있으면 전파를 통해 누구나 볼 수 있는 방송을 **지상파 방송**이라고 해.

물품, 전기, 전파, 정보 등을 기계적으로 전달하는 것을 **송출하다**라고 해.

시청료는 TV 등을 보고 듣는 데 내는 요금을 뜻해.

113

뉴스 제목 이해하기

뉴스 제목을 읽고 내용을 바르게 추측한 사람을 골라 보세요.

❶ 새롭게 개발한 TV에 대한 내용일 것 같아.

❷ 새로운 TV 채널에 대한 내용일 것 같아.

뉴스 완벽 체크

문제를 풀어 보세요.

1. 빈칸에 들어갈 단어를 골라 보세요.

> 지상파 방송은 국가가 제공하는 □□을/를 통해 전달된다.

❶ 전파

❷ 위성

2. 알맞은 단어를 ○ 해 보세요.

① 지상파 방송은 안테나만 설치하면 (유료 / 무료)이고, 종합 편성 채널은 (유료 / 무료)이다.

② 종합 편성 채널 덕분에 시청자는 선택의 폭이 (넓어 / 좁아)졌다.

3. 종합 편성 채널이 지상파 방송보다 규제가 적었던 것을 골라 보세요.

❶ 전파   ❷ 시청자   ❸ 광고

단어 미로 찾기

빈칸에 들어갈 알맞은 단어를 따라 미로 길을 가 보세요.

출발 → 어린이 안전에 관한 ☐는 강화할 필요가 있어.

지상파

규제

촬영

오락 채널만 보지 말고 ☐ 채널도 좀 보렴.

만화 교양

난 드라마를 좋아해서 다양한 OTT를 ☐ 중이야.

구독

도착 ★

조급

OTT는 어디서든 ☐ 할 수 있어서 편해.

냉장고

안테나

이용

☐가 고장 나서 TV가 나오지 않아요.

뉴스 논술

내가 만들고 싶은 TV 프로그램과 그 이유를 써 보세요.

TV 프로그램: _____

이유: _____

영화, 드라마, 예능, 음악 등 좋아하는 프로그램을 떠올려 보세요.

2012년 11월 7일

싸이의 <강남 스타일>, 전 세계를 휩쓸다

　가수 싸이의 <강남 스타일>이 한국뿐 아니라 전 세계에서 선풍적인 인기를 끌었습니다. 이 열기로 <강남 스타일>의 유튜브 조회 수는 2012년 10월 31일에 이미 약 6억 회를 넘었습니다. 빌보드* 핫 100 차트에서 7주 연속 2위를 차지한 싸이는 케이팝 역사에서 볼 수 없었던 기록을 달성했습니다. 빌보드는 "싸이는 준비된 스타"라고 평가하며 미국 진출 과정을 소개하기도 했습니다.

　<강남 스타일>이 인기를 얻은 가장 큰 이유는 바로 뮤직비디오에 있었습니다. 뮤직비디오에서 싸이는 '말춤'이라고 이름 붙여진 춤을 춥니다. 말춤은 마치 말을 타는 모습을 떠올리게 하는 동작으로, 쉽고 재미있어서 누구나 따라 출 수 있습니다. 이 춤으로 수많은 패러디가 만들어지며 세계적으로 유행하게 되었습니다.

　그뿐만 아니라 재미있는 장면이 가득합니다. 고급스러운 옷차림을 하고 등장한 싸이는 승마장, 놀이터, 주차장 등에서 유쾌하게 춤을 춥니다. 어린이, 할머니, 개그맨 등이 함께 우스꽝스러운 춤을 추는 모습은 세계를 사로잡기에 충분했습니다.

* 빌보드: 1894년, 미국 뉴욕에서 창간된 음악 잡지로, 다양한 음악 장르의 인기 순위를 발표하는 것으로 유명함.

뉴스 읽은 날:　　　년　　월　　일

뉴스 하나 더

싸이 때문에 유튜브가 말썽!

싸이 때문에 유튜브가 시스템을 교체했습니다. 원래 유튜브 동영상의 조회 수는 약 21억 회까지 표시할 수 있었습니다. 그런데 <강남 스타일> 뮤직비디오의 조회 수가 정해진 한계를 넘어서면서 시스템을 수정해야 했습니다. 그 결과, 조회 수를 약 922경 회까지 표시할 수 있게 되었습니다. 2025년 10월 기준, <강남 스타일>의 뮤직비디오 조회 수는 57억 회를 돌파했습니다.

어휘 술술

그림을 보며 단어의 뜻을 익혀 보세요.

돌발적으로 일어나 사회에 큰 영향을 미치거나 관심의 대상이 될 만한 것을 **선풍적**이라고 해.

열기는 흥분한 분위기를 뜻해.

달성하다는 목적한 것을 이루는 것을 뜻해.

어떤 방면으로 활동 범위나 세력을 넓혀 나아가는 것을 **진출**이라고 해.

뉴스 완벽 체크

문제를 풀어 보세요.

1. 빌보드가 싸이를 뭐라고 평가했는지 써 보세요.

준비된 (   )

2. 〈강남 스타일〉에서 싸이의 춤과 관련된 동물을 골라 보세요.

❶ 　❷ 　❸

3. 단어와 설명을 바르게 연결해 보세요.

단어	설명
돌파하다	일정한 기준이나 기록 등을 지나서 넘어서다.
유쾌하다	각종 자료를 알기 쉽게 정리한 일람표.
차트	즐겁고 상쾌하다.
한계	다른 사람을 웃기려고 하는 일이 직업인 사람.
개그맨	사물이나 능력, 책임 등이 실제 작용하는 범위나 그런 범위를 나타내는 선.
옷차림	옷을 차려입은 모양.

공통 글자 찾기

공통으로 들어가는 글자를 채워 보세요.

1
- 조
- 회
- 가

① 인터넷 등에 올려진 게시물을 확인한 횟수. ○○ ○.
② 노래 부르는 것이 직업인 사람.

2
- 승
- 마
- 주 차

① 말을 탈 수 있도록 일정한 시설을 갖춘 곳.
② 차를 세워 두는 곳.

3
- 뮤
- 직
- 비
- 오
- 패 러

① 음악에 맞는 영상을 제작해, 음악과 화면을 함께 감상할 수 있는 영상물.
② 특정 작품의 소재나 작가의 문체를 흉내 내 익살스럽게 표현하는 수법이나 그런 작품.

4
- 우
- 스
- 꽝
- 고 급   럽 다
- 럽
- 다

① 말이나 행동, 모습 등이 특이해서 우습다.
② 대상의 품질이 뛰어나고 값이 비싼 듯하다.

뉴스 논술

나만의 춤을 만들어 설명해 보세요.

춤 이름:

설명:

바닥에 쭈그리고 앉았다가 폴짝 뛰어오르는 '개구리춤'!

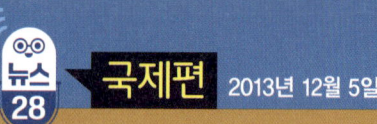

국제편 2013년 12월 5일

용서와 화합의 지도자, 넬슨 만델라가 잠들다

　남아프리카 공화국의 대통령이었던 넬슨 만델라가 2013년 12월 5일에 세상을 떠났습니다. 만델라는 자국에서 인종 차별 정책인 '아파르트헤이트'를 철폐해 노벨 평화상을 받은 수상자이자, 남아프리카 공화국의 첫 번째 흑인 대통령이었습니다.

　법을 공부한 만델라는 1944년, '아프리카 민족 회의'에 들어가 '청년 동맹'을 만들며 인종 차별 반대 운동에 앞장섰습니다. 평화적으로 저항 운동을 펼치던 만델라는 1960년, 경찰이 흑인 시위대를 향해 총을 난사하는 사건을 겪고 생각을 바꾸었습니다. 무장 투쟁을 하기로 결심한 것입니다. 투쟁을 이어 가던 만델라는 1962년에 경찰에 체포되었고, 1964년에 무기 징역을 선고받았습니다.

　1990년, 석방을 바라는 국민들의 저항과 국제 사회의 압력으로 만델라는 감옥에서 풀려났습니다. 이후 아파르트헤이트 시대를 끝낸 공을 인정받아 1993년, 당시 대통령이었던 프레데리크 빌렘 데클레르크와 함께 노벨 평화상을 받았습니다. 다음 해에 남아프리카 공화국의 첫 번째 흑인 대통령으로 취임한 만델라는 흑인을 억압하던 백인을 용서와 화합의 정신으로 포용했습니다. 여러 인종이 어우러진 국가를 만들고자 한 것입니다.

　각종 인권 운동에 헌신했던 만델라는 하늘의 별이 되었지만, 평화를 향한 그의 정신은 영원히 살아 숨 쉴 것입니다.

뉴스 하나 더

럭비 경기장에 등장한 넬슨 만델라

남아프리카 공화국에서 럭비는 백인의 스포츠라는 인식이 강했습니다. 그래서 넬슨 만델라는 자국에서 럭비 월드컵을 열고, 이를 통해 인종 갈등을 해소하고자 했습니다. 1995년 6월 24일, 결승 경기에 참석한 만델라는 남아프리카 공화국 대표 팀의 유니폼을 입고 등장했습니다. 그는 1명을 제외하고 모두 백인으로 이뤄진 대표 팀을 진심으로 응원하고 격려하며 화합을 이끌었습니다. 만델라가 대표 팀 주장에게 트로피를 건네는 모습은 두 인종이 통합하는 역사적인 장면으로 기록되었습니다.

어휘 술술

그림을 보며 단어의 뜻을 익혀 보세요.

인종에 따라 사회적인 권리를 차별하는 정책을 **아파르트헤이트**라고 해.

난사하다는 무기를 제대로 겨냥하지 않고 마구 쏘는 것을 말해.

목적을 위해 무장 집단이 벌이는 군사 행동을 **무장 투쟁**이라고 해.

국제 사회는 여러 나라가 교류하면서 국제적 공동생활을 하는 사회야.

헌신하다는 몸과 마음을 바쳐 있는 힘을 다하는 것을 말해.

뉴스 제목 이해하기

뉴스 제목에서 '잠들다'와 같은 뜻으로 쓰인 문장을 골라 보세요.

❶ 곤히 잠들어서 깨울지 말지 망설였다.

❷ 할아버지는 공동묘지에 잠들어 계신다.

❸ 잠든 바다를 바라보았다.

뉴스 완벽 체크

문제를 풀어 보세요.

1. 만델라 대통령은 아파르트헤이트를 철폐했다. (○ , ×)

2. 만델라 대통령은 백인들을 강력히 처벌했다. (○ , ×)

3. 뉴스 내용에 맞게 순서대로 나열해 보세요.

❶ 무기 징역을 선고받고 감옥에 갇혔다.

❷ 대통령으로 취임했다.

❸ 노벨 평화상을 받았다.

(❶ － －)

4. 만델라 대통령이 무장 투쟁을 결심한 이유를 골라 보세요.

❶ 경찰이 흑인 시위대에게 총을 쏴서

❷ 경찰에 체포되어서

❸ 국제 사회의 압력이 있어서

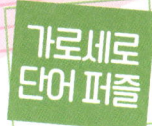
가로세로 단어 퍼즐

뉴스에 나온 단어를 기억하며, 퍼즐을 완성해 보세요.

🔑 가로 열쇠

② 인종에 따라 사회적인 권리를 차별하는 정책.

⑥ 무대나 연단 등에 나옴.

⑦ 인간의 기본적 권리를 실질적인 권리로 만들기 위한 운동.
만델라 대통령은 각종 ○○ ○○에 헌신했다.

⑧ 자기 나라.
만델라 대통령은 ○○에서 럭비 월드컵을 열었다.

⑩ 둘 이상의 기구나 조직 등을 합침.
마산시·진해시·창원시의 ○○으로 하나의 시가 되었다.

🔑 세로 열쇠

① 아프리카 남쪽 끝에 있는 공화국으로, 첫 번째 흑인 대통령은 만델라.
○○○○○ ○○○.

③ 입상을 기념하기 위해 주는 컵, 상 등의 기념품.

④ 전투에 필요한 장비를 갖추거나 그 장비.

⑤ 정치적인 압력이나 외국의 지배 등에 맞서 싸우는 민중 운동. ○○ ○○.

⑦ 편견 때문에 특정 인종에게 불평등을 강요하는 일.
○○ ○○.

⑨ 화목하게 어울림.

정치편 2014년 5월 30일~6월 4일

미리 투표할 수 있다고? 사전 투표제 전면 도입

2014년 6월 4일, 제6회 지방 선거가 사전 투표제에 의해 56.8%의 투표율을 기록하며 마무리되었습니다. 지방 선거 투표율로는 16년 만에 최고치였으며, 사전 투표율은 11.5%였습니다.

사전 투표제는 선거자들이 정해진 선거일 이전에 투표할 수 있도록 만든 제도입니다. 2012년에 도입되어 2013년에 2차례 시범 실시되었고, 제6회 지방 선거에서 처음 전국적으로 시행되었습니다. 선거자들은 5월 30일과 31일, 오전 6시부터 오후 6시까지 전국에 설치된 사전 투표소에서 투표할 수 있었습니다.

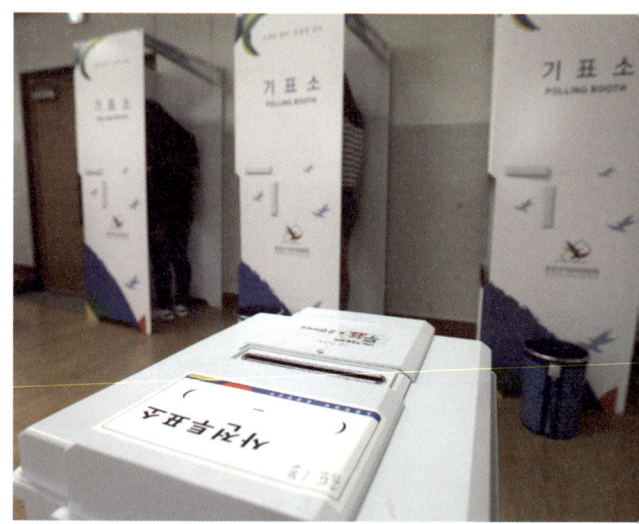

▲사전 투표소, 출처: 연합뉴스

사전 투표제가 도입되어 투표율은 꾸준히 높아질 것으로 전망했습니다. 선거일에 해외 출장, 근무, 여행 등으로 투표가 어려운 사람들이 미리 참여할 수 있기 때문입니다. 이처럼 투표 날짜를 선택한다는 점은 큰 장점입니다. 사전 신고 절차 없이 신분증만 있으면 표를 행사할 수 있어서 편리하기도 합니다. 또한 지정된 곳이 아닌 전국에 설치된 모든 투표소를 이용할 수 있어서 지역구 밖에서도 투표가 가능합니다.

선거자들은 사전 투표제로 인해 국민의 참정권이 보장되고 적극적인 선거 문화가 형성되길 바라며 사전 투표소를 찾았습니다.

사전 투표소 앞, 출처: 연합뉴스 ▶

뉴스 읽은 날 :　　년　　월　　일

뉴스 하나 더

투표하기에 늦은 나이는 없다

2022년 3월 4일은 제20대 대통령 선거의 사전 투표 첫 날이었습니다. 이날 울산광역시의 한 사전 투표소에 110세 할머니가 방문했습니다. 할머니는 당시 코로나19 감염병을 예방하기 위해 마스크를 착용하고 비닐장갑을 낀 후 투표를 했습니다. 감염병도 할머니의 투표 의지를 꺾을 수 없었던 것입니다. 할머니는 "국민의 한 사람으로서 권리를 행사해야 한다."고 말했습니다.

어휘 술술

그림을 보며 단어의 뜻을 익혀 보세요.

지방 선거는 지방 의회 의원, 지방 자치 단체장을 뽑는 선거야.

일을 치르는 데 거치는 순서나 방법을 **절차**라고 해.

지역구는 일정한 지역을 1개 단위로 해서 설정된 선거구야.

국민이 나라의 정치에 참여하는 권리를 **참정권**이라고 해.

뉴스 제목 이해하기

뉴스 제목을 바르게 이해한 문장을 골라 보세요.

① 사전 투표제를 통해 어린이도 투표할 수 있다.
② 사전 투표제는 미리 투표할 수 있는 제도이다.
③ 사전 투표제는 우리나라에서 시행되지 못했다.

뉴스 완벽 체크

문제를 풀어 보세요.

1. 제6회 지방 선거의 사전 투표 날짜를 모두 ○ 해 보세요.

	일	월	화	수	목	금	토
5월	25	26	27	28	29	30	31
6월	1	2	3	4 지방 선거	5	6	7

2. 사전 투표는 투표소가 있는 전국 어디서든 투표할 수 있다. (○ , ×)

3. 제6회 지방 선거 이전에 사전 투표제가 시범 실시되었다. (○ , ×)

틀린 단어 고치기

밑줄 친 단어를 바르게 고쳐 보세요.

① 투표율이 <u>최저치를</u> 기록했다.
→ ㅊ ㄱ ㅊ

② 신제품 휴대폰 <u>사후 예약!</u>
→ ㅅ ㅈ

단어 미로 찾기

빈칸에 들어갈 알맞은 단어를 따라 미로 길을 가 보세요.

뉴스 논술

뉴스에 나온 사전 투표제의 장점을 1가지만 써 보세요.

뉴스30 문화편 2015년 10월 18일~20일

조성진, 한국인 최초 '쇼팽 국제 피아노 콩쿠르' 우승

　피아니스트 조성진이 세계적으로 권위 있는 피아노 대회인 '쇼팽* 국제 피아노 콩쿠르'에서 한국인 최초로 우승했습니다. 그는 우승 상금 3만 유로와 폴로네즈 최고 연주상 상금 3,000유로까지 받으며 세계 각지에서 연주할 기회를 거머쥐었습니다.

　1927년을 시작으로 5년에 1번 열리는 쇼팽 국제 피아노 콩쿠르는 쇼팽의 곡으로 실력을 겨루는 대회입니다. 조성진이 우승한 제17회 대회에는 160명이 참가했고 10명이 결선에 올랐습니다. 한국인이 결선에 오른 것은 10년 만이었습니다.

　조성진은 2015년 10월 18일에 시작한 결선에서 첫 번째 순서로, 쇼팽 피아노 협주곡** 1번을 연주했습니다. 어린 시절에 이 대회에 참가하겠다고 다짐했다던 조성진은 당당히 우승을 차지했습니다.

　콩쿠르에서 입상한 사람들은 2015년 10월 21일부터 3일간 폴란드의 수도인 바르샤바에서 갈라 콘서트를 열었습니다. 또 2016년 초까지 유럽과 아시아를 돌았고, 그해 2월에는 우리나라 예술의 전당에서 콘서트를 열었습니다.

　조성진으로 인해 대한민국 클래식 음악의 관심과 위상이 높아졌습니다.

* 쇼팽: 섬세하고 화려한 피아노곡으로 유명한 폴란드의 작곡가 · 피아니스트.
** 협주곡: 독주 악기와 관현악이 합주하면서 독주 악기가 돋보이도록 만든 곡.

뉴스 하나 더

피아니스트 임윤찬, 국제적인 관심을 받다

2024년 10월 2일, 피아니스트 임윤찬이 영국의 '그래머폰 클래식 음악상'에서 2관왕을 차지했습니다. ≪쇼팽: 연습곡≫ 앨범으로 피아노 음반 부문에서 수상했고, 특별상인 '올해의 젊은 음악가' 부문도 그의 차지였습니다. 그래머폰 클래식 음악상은 피아노·실내악·오페라 등 총 11개 부문으로 나뉩니다. 클래식 음반 분야에서 최고 권위를 가진 상으로, 피아노 부문에서는 임윤찬이 국내 최초 수상자입니다.

어휘 술술

그림을 보며 단어의 뜻을 익혀 보세요.

어떤 분야에서 사회적으로 인정을 받고 영향력을 끼칠 수 있는 것을 **권위**라고 불러.

각 지방이나 여러 곳을 **각지**라고 해.

무엇을 완전히 갖거나 마음대로 할 수 있게 되는 것을 **거머쥐다**라고 해.

클래식 음악은 서양의 전통적 작곡 기법이나 연주법에 의한 음악이야.

뉴스 제목 이해하기

뉴스 제목에 나오지 않는 사람을 골라 보세요.

❶ 조성진　　　　　　❷ 쇼팽　　　　　　❸ 바흐

뉴스 완벽 체크

문제를 풀어 보세요.

1. 쇼팽 국제 피아노 콩쿠르는 몇 년마다 열리는지 써 보세요.

(　　　　　)년

2. 조성진은 결선에서 몇 번째로 연주했는지 써 보세요.

(　　　　　) 번째

3. 제17회 쇼팽 국제 피아노 콩쿠르의 갈라 콘서트가 열린 나라를 써 보세요.

(　　　　　　)

4. 임윤찬이 그래머폰 클래식 음악상에서 수상한 부문이 아닌 것을 골라 보세요.

❶ 피아노 음반 부문　　　❷ 실내악 부문　　　❸ 올해의 젊은 예술가 부문

공통 글자 찾기

공통으로 들어가는 글자를 채워 보세요.

1.
   ① 위
   ② 금

   ① 어떤 사물이 다른 사물과의 관계에서 갖는 위치나 상태. ○○을 높이다.
   ② 행동이나 업적에 대해 격려하기 위해 주는 돈.

2.
   ① 로
   ② 럽

   ① 유럽 연합의 화폐 단위.
   ② 육대주의 하나로, 동쪽으로는 아시아 대륙과 접하고 남쪽으로는 아프리카 대륙과 지중해를 사이에 두고 있음.

3.
   ① 갈
   ② 오 페 / 콘 서 트

   ① 오페라나 뮤지컬 작품을 대표하는 독창·중창·합창 등을 중심으로 구성하는 연주회. 최근 피아노 등으로 영역이 확대됨. ○○ ○○○.
   ② 배우가 대사를 노래로 부르는, 음악·연극·춤 등을 종합한 무대 예술.

4.
   ① 피
   ② 시 아 / 니 스 트

   ① 피아노를 직업적으로 연주하는 사람.
   ② 육대주의 하나로, 세계 육지의 약 3분의 1을 차지하며 유럽과 함께 유라시아 대륙을 이룸.

뉴스 논술

뉴스에서 새롭게 알게 된 점을 1가지만 써 보세요.

과학편 2016년 3월 9일~15일

이세돌 꺾은 알파고, 인공 지능 시대 눈앞으로!

2016년 3월 15일, 인간과 인공 지능의 대결로 화제를 모았던 바둑 기사 이세돌 9단과 알파고의 대국이 마무리되었습니다. 인터넷 기업인 구글이 개발한 알파고는 바둑 경기를 분석하고 스스로 학습해 바둑을 두는 인공 지능 프로그램입니다. 대국 전, 이세돌은 승리를 자신했습니다. 전문가들도 이세돌의 승리를 예상하기는 마찬가지였습니다.

그러나 3월 9일에 열린 첫 번째 대국에서 알파고는 뛰어난 계산으로 바둑을 두었고 186수 만에 대국을 승리로 마무리했습니다. 10일과 12일에 열린 두 번째, 세 번째 대국에서도 결과는 마찬가지였습니다. 알파고는 변칙적인 수를 놓기도 하고, 공격적으로 대응하기도 하며 이세돌을 흔들었습니다.

반전은 13일, 네 번째 대국에서 나타났습니다. 지난 대국을 바탕으로 알파고에 대한 새로운 전략을 세운 이세돌이 78수에서 결정적인 1수를 둔 것입니다. 빈틈없이 대응하던 알파고는 실수를 남발하며 무너지고 말았습니다. 인간이 1,202대의 컴퓨터가 연결된 인공 지능을 이긴 것입니다.

마지막 다섯 번째 대국은 15일에 알파고의 승리로 막을 내렸습니다. 총 5번에 걸친 대국은 인공 지능의 발전 속도와 기술력, 인간의 도전 정신과 창의력을 보여 주었습니다. 4번의 패배보다 1번의 승리가 더욱 빛나는 승부였습니다.

뉴스 하나 더

노벨상도 주목한 인공 지능

2024년, 프린스턴 대학교의 존 홉필드 교수와 토론토 대학교의 제프리 힌턴 교수가 노벨 물리학상을 받았습니다. 인공 신경망을 이용해서 학습하는 기계를 만들고 발전시킨 공로를 인정받은 것입니다. 노벨 화학상은 인공 지능을 통해 자연계에 없는 새로운 종류의 단백질을 설계한 워싱턴 대학교의 데이비드 베이커 교수, 단백질의 구조를 예측하는 인공 지능을 만든 '구글 딥마인드'의 데미스 허사비스와 존 점퍼가 받았습니다. 인공 지능은 과학 분야에서도 없어서는 안 될 중요한 도구가 되었습니다.

노벨 화학상
노벨 물리학상

어휘 술술

그림을 보며 단어의 뜻을 익혀 보세요.

인공 지능은 인간의 지능인 학습, 추리, 논증 등의 기능을 갖춘 컴퓨터 시스템이야. 'AI'라고도 부르지.

바둑을 전문적으로 두는 사람이나 그런 직업을 **바둑 기사**라고 해.

빈틈없이는 '허술하거나 부족한 점이 없이'라는 뜻이야.

어떤 말이나 행동 등을 자꾸 함부로 하는 것을 **남발하다**라고 해.

뉴스 제목 이해하기

뉴스 제목을 바르게 이해한 문장을 골라 보세요.

❶ 곧 인공 지능의 시대가 올 것이다.
❷ 위기에 처한 사람은 알파고이다.
❸ 이세돌 9단이 알파고를 꺾었다.

뉴스 완벽 체크

문제를 풀어 보세요.

1. 대국 전, 전문가들은 누구의 승리를 예상했는지 ○ 해 보세요.

(알파고 / 이세돌)

2. 이세돌 9단은 알파고를 몇 번 이겼는지 써 보세요.

(   )번

초성 퀴즈

초성을 보고, 알맞은 단어로 빈칸을 채워 보세요.

1. ㄷㅂㅈ은 사람의 3대 영양소 중 하나야.

2. 그 경찰관은 범죄자의 공격에 경찰봉으로 ㄷㅇ했어.

3. 과학자들은 새로운 물질의 성분을 ㅂㅅ했어.

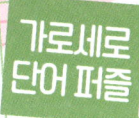

뉴스에 나온 단어를 기억하며, 퍼즐을 완성해 보세요.

①	결			②	변	
국							
		③		④공		적
		⑤전				
⑥인	⑦			⑧		
	로				숙	
			⑨	의		

가로 열쇠

① 서로 맞서서 우열이나 승패를 가림.
④ 운동 경기나 오락 등에서 상대편을 이기기 위해 적극적으로 행동하는 것.
⑤ 전쟁을 이끄는 방법이나 어떤 활동을 하는 데 필요한 책략.
⑥ 인간의 지능인 학습, 추리, 적응 등의 기능을 갖춘 컴퓨터 시스템. ○○ ○○.
⑧ 이익을 얻기 위해 물건 등을 생산하고 판매하는 조직.
　인터넷 ○○인 구글.
⑨ 새로운 것을 생각해 내는 능력.

세로 열쇠

① 바둑이나 장기를 마주 대해 둠.
② 원칙에서 벗어나 달라진 것.
　그 선수는 ○○○인 공격을 잘한다.
③ 일의 상황이 뒤바뀜.
　이 영화의 결말에는 극적인 ○○이 있었다.
⑥ 생각을 하고 언어를 사용하며, 도구를 만들어 쓰고 사회를 이뤄 사는 동물.
⑦ 일을 마치거나 목적을 이루는 데 들인 노력과 수고나 이룬 결과로서의 공적.
⑧ 인간에게 쓸모 있는 것을 개발하거나 처리하고 문제를 해결하는 능력.

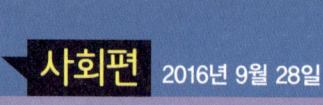

사회편 2016년 9월 28일

공직자는 함부로 선물 못 받아! 김영란법 시행

　'부정 청탁 및 금품 등 수수*의 금지에 관한 법률'이 2015년 3월 27일에 제정되었습니다. '청탁 금지법'이라고도 불리는 이 법은 당시 국민 권익 위원회**의 김영란 위원장이 발의한 법이어서 '김영란법'이라고 알려졌습니다.

　김영란법은 부패와 비리를 막기 위해 공직자에게 부정 청탁을 하면 안 된다고 규정합니다. 부정 청탁이란 정당하지 않은 방법으로 다른 사람에게 부탁하는 것을 말합니다. 공직자가 업무를 수행하는 과정에서 외부의 영향을 받아서는 안 된다는 뜻입니다.

　이 법은 2016년 9월 28일부터 시행되었습니다. 법이 시행된 이후, 공직자는 직무와 관련된 경우, 금품을 받는 것이 일체 금지되었습니다. 다만, 일을 원활하게 하기 위해 금품 수수가 허용되는 경우가 있습니다. 사교나 의례 등을 목적으로 하는 음식물, 선물, 경조사비는 정해진 금액 내에서 받을 수 있습니다.

　김영란법에 따르면 금품을 받은 공직자뿐만 아니라 부정 청탁을 한 사람도 처벌을 받게 됩니다. 이처럼 부패와 비리가 없는 청렴한 사회 문화가 자리 잡기 위해서는 적절한 규제가 필요합니다.

* 수수: 아무런 대가나 보상이 없이 돈이나 물품을 받음. 또는 그런 일.
** 국민 권익 위원회: 불합리한 행정 제도의 개선, 부패 발생 예방 등의 업무를 맡아보는 중앙 행정 기관의 하나.

뉴스 읽은 날: 년   월   일

뉴스 하나 더

사람의 이름을 딴 또 다른 법

2019년 9월, 어린이 보호 구역에서 횡단보도를 건너던 어린이가 차에 치여 숨지는 사건이 있었습니다. 이 사건을 계기로 어린이 보호 구역에 안전시설을 의무적으로 설치하고 사고를 낸 운전자를 더욱 강력하게 처벌하는 법이 만들어졌습니다. 2020년 3월 25일부터 시행된 이 법은 피해자 어린이의 이름을 붙여 '민식이법'이라고 부릅니다. 민식이법 시행 이후 어린이 보호 구역에서 교통사고로 사망한 어린이의 수가 줄어든 것으로 나타났습니다.

어휘 술술

그림을 보며 단어의 뜻을 익혀 보세요.

공직자는 공무원, 국회 의원처럼 국가 기관이나 공공 단체에서 일하는 사람을 말해.

제도나 법률 등이 만들어져서 정해지는 것을 **제정되다**라고 해.

회의에서, 심사하고 토의해야 할 의견을 내놓는 것을 **발의하다**라고 해.

부패는 정치, 사상, 의식 등이 잘못된 길로 빠지는 것을 말해.

뉴스 제목 이해하기

뉴스 제목을 바르게 이해한 문장을 골라 보세요.

① 공직자는 선물을 감사히 받아야 한다.
② '김영란법'이라는 법이 만들어졌다.
③ 공직자를 위한 법이 없어졌다.

뉴스 완벽 체크

문제를 풀어 보세요.

1. '부정 청탁 및 금품 등 수수의 금지에 관한 법률'은 '청탁 금지법'이라고도 불린다.

(○ , ×)

2. 정당하지 않은 방법으로 다른 사람에게 부탁하는 것을 뭐라고 부르는지 써 보세요.

부정 (   )

3. 김영란법에 따르면 금품을 받은 사람만 처벌을 받는다. (○ , ×)

반대말 찾기

반대말끼리 연결해 보세요.

받다	•	•	내부
외부	•	•	이전
이후	•	•	없다
있다	•	•	주다

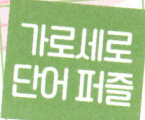

가로세로 단어 퍼즐

뉴스에 나온 단어를 기억하며, 퍼즐을 완성해 보세요.

	①금				②	
			③경		란	
	④사			⑤		률
	⑥			고		
			⑦비			
		⑧				⑨
	⑩물			⑪		자

가로 열쇠

① 법이나 규칙 등으로 어떤 행위를 하지 못하도록 함.
⑤ 국가 및 공공 기관이 정한 법률, 명령 등처럼 국가의 강제력이 있는 사회 규범.
　판사는 관련 ○○에 따라 판결한다.
⑥ 자동차나 기차 등이 사람을 치거나 다른 교통수단과 충돌하는 등 교통상의 사고.
⑦ 도덕이나 법에 어긋나 사회적으로 용납하기 어려운 일.
⑩ 남에게 어떤 물건 등을 선사함. 또는 그 물건.
⑪ 국가 기관이나 공공 단체에서 일하는 사람.

세로 열쇠

① 돈과 물품을 아울러 이르는 말.
② 공직자에게 부정 청탁을 하면 안 된다고 규정하는 법.
③ 경사스러운 일이나 불행한 일에 보탬이 되도록 내는 비용.
④ 여러 사람이 모여 서로 사귐.
⑧ 사람이 먹고 마시는 것을 통틀어 이르는 말.
⑨ 자동차를 운전하는 사람.

뉴스33 **국제편** 2017년 5월 7일

에마뉘엘 마크롱, 프랑스 최연소 대통령으로 당선

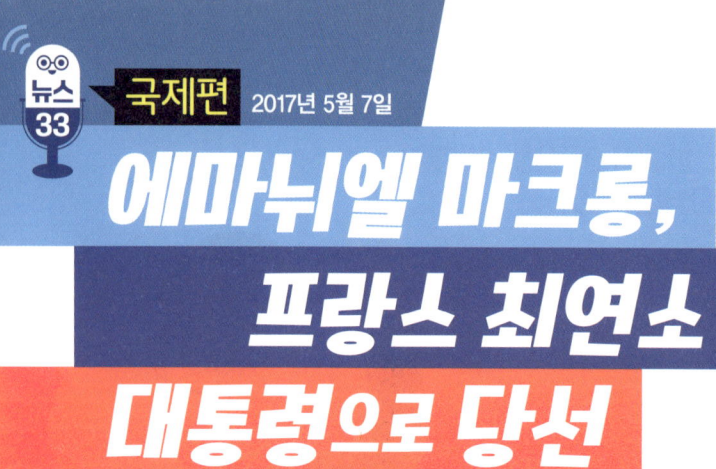

2017년 5월 7일, 에마뉘엘 마크롱이 프랑스 대통령으로 당선되었습니다. 1977년생인 그가 프랑스의 최연소 대통령이 된 나이는 만 39세였습니다.

대통령에 당선되기 전, 마크롱은 경제·산업·디지털부 장관이었으며, 프랑스의 경제 활성화를 위한 노력을 기울였습니다. 그러던 중 2016년 4월, '전진'이라는 뜻의 정당인 '앙 마르슈'를 만들어 대권에 도전했습니다.

극우* 진영의 후보와 달리 마크롱은 프랑스를 유럽 연합에 남기겠다고 공약했습니다. 유럽 연합의 정치, 외교, 경제, 안보 등을 중요하게 생각한 것입니다. 그는 자유롭게 경제 활동을 할 수 있도록 개방 경제를 계획했고, 국가 간 물품을 사고팔 때 세금이나 법적 규제를 최소화하는 자유 무역을 약속했습니다. 또 다양한 문화를 인정하고 존중하는 문화적 다원주의를 내세웠습니다.

경제 침체와 안보 문제로 불안해하던 프랑스 국민들은 마크롱의 손을 들어 줬습니다. 약 66%의 득표율을 얻은 것입니다.

이후 2022년, 마크롱은 약 58.5%의 득표율을 얻으며 재선에도 성공했습니다.

---

*극우: 극단적으로 보수주의적인 성향. 또는 그 성향을 가진 사람이나 세력.

뉴스 읽은 날: 년   월   일

뉴스 하나 더

전 세계 최연소 대통령은 누구?

전 세계 최연소 대통령은 에콰도르의 다니엘 노보아 대통령입니다. 1987년생인 노보아는 2023년 10월, 만 35세의 나이로 대통령에 당선되었습니다. 다만 그의 임기는 아주 짧았습니다. 조기 퇴진하는 전임 대통령의 남은 임기를 채우기 위한 후임자로 선출된 것이기 때문입니다. 빈곤과 범죄, 치안 등 넘어야 할 산이 많은 가운데 노보아는 "에콰도르 가족들은 안전과 고용이 있는 나라를 선택했다."고 당선 소감을 밝혔습니다. 그는 이어서 2025년, 재선에도 성공했습니다.

어휘 술술

그림을 보며 단어의 뜻을 익혀 보세요.

장관은 국가의 일을 나눠 맡아 처리하는 행정 각부의 책임자를 말해.

대권은 나라의 최고 통치권자가 나라를 통치하는 헌법상의 권한을 말해.

안보는 '안전 보장'의 줄임말로, 외부의 위협이나 침략으로부터 국가와 국민을 지키는 일이야.

세계에 존재하는 다양한 문화를 인정하고 공존해야 한다는 것이 **문화적 다원주의**야.

뉴스 완벽 체크

문제를 풀어 보세요.

1. 마크롱 대통령이 만든 정당의 이름을 골라 보세요.

   ❶ 앙마르슈   ❷ 마크롱당   ❸ 극우 진영

2. 마크롱 대통령은 프랑스가 유럽 연합을 떠나야 한다고 했다. (○ , ×)

3. 마크롱 대통령은 2017년에 약 66%의 득표율로 당선됐다. (○ , ×)

4. 전 세계 최연소 대통령이 탄생한 국가를 골라 보세요.

   ❶ 미국   ❷ 프랑스    ❸ 에콰도르

반대말 찾기

반대말끼리 연결해 보세요.

당선되다 •   • 최고령

최연소   •   • 후진

전진   •   • 낙선되다

후임자   •   • 전임자

단어와 그림 연결하기

그림을 보고, 보기 에서 알맞은 단어를 골라 빈칸을 채워 보세요.

보기 활성화   치안   자유 무역   침체   득표율   빈곤

1. 국가가 간섭해서 관세를 매기지 않고 개인의 자유에 맡기는 무역을 ㅈㅇ ㅁㅇ 이라고 해.

2. 경제 ㅊㅊ 로 회사가 어려워졌어요.

3. 노인 ㅂㄱ 문제가 심각해지고 있어.

4. ㅊㅇ 유지를 위해 노력해야 해요.

5. 우리 반 반장은 높은 ㄷㅍㅇ 로 뽑혔어.

6. 영화 시장의 ㅎㅅㅎ 를 위해 영화제를 열었어.

세상에, 이런 일이 벌어지다니!

지구에서 가장 나이 많은 육지 동물은?

조너선은 영국령의 섬인 세인트헬레나섬에 사는 '세이셸 코끼리 거북'입니다. 정확한 나이는 알 수 없지만 전문가들은 1832년 이전에 태어난 것으로 추측합니다. 조너선은 노화로 인해 시각과 후각을 잃었지만 수의사의 보살핌으로 건강하게 지내고 있습니다. 양배추, 오이, 당근, 사과 등을 좋아하며 '가장 나이가 많은 살아 있는 육지 동물'로 기네스 세계 기록을 보유하고 있습니다.

보트로 변신한 호박!

거대한 호박을 타고 강을 건넌 사람이 있습니다. 바로 미국의 게리 크리스턴슨입니다. 그는 워싱턴주의 컬럼비아강을 따라 무려 26시간 동안 노를 저었습니다. 그렇게 이동한 거리는 약 73.5km였으며, 2024년 기네스 세계 기록의 '호박 보트로 가장 긴 여행을 떠난 사람' 부문에 이름을 올렸습니다. 이 거대한 호박 보트는 크리스턴슨이 직접 기른 555kg짜리 호박으로 만든 것입니다. 호박 껍질에는 지방 성분이 많은데, 이 지방이 물에 뜰 수 있도록 도와줍니다. 또 잘 익은 호박 껍질은 무척 단단해서 무거운 무게도 견딜 정도랍니다. 그러나 모든 호박으로 강을 건널 수 있는 것은 아닙니다. 그만큼 보트를 만드는 기술이 중요하겠죠?

미술 작품을 꿀꺽!

 2019년, 한 관람객이 미술 작품을 먹어 버리는 황당한 일이 벌어졌습니다. 미술 작품에 바나나가 있었던 것입니다. 이탈리아의 예술가 마우리치오 카텔란은 바나나를 벽에 붙인 작품 <코미디언>을 전시했습니다. 이 작품은 당시 12만 달러였답니다. 그런데 미국의 행위 예술가 데이비드 다투나가 작품을 관람하다 말고 테이프를 떼어 내 바나나를 먹어 버렸습니다. 다투나는 이 퍼포먼스에 <배고픈 예술가>라는 제목을 지었습니다. 이후, 작품은 새로운 바나나로 대체되었습니다. 그러나 이 작품을 먹는 관람객은 또 나타났습니다. 2023년에는 한국에서도 같은 일이 벌어졌습니다.

호수가 어떻게 분홍색이지?

이 분홍색 호수는 호주에 있는 '힐리어 호수'입니다. 호수가 분홍색인 이유는 바로 플랑크톤 때문입니다. '두날리엘라 살리나'라는 미세 조류인데, 자외선으로부터 몸을 보호하기 위해 붉은 색소를 활성화시킵니다. 힐리어 호수는 염도가 매우 높아서 일반적으로 생물이 살기 어렵습니다. 그래서 천적이 없는 두날리엘라 살리나의 수가 기하급수적으로 늘어나고, 물이 분홍색으로 보이는 것입니다.

뉴스 34 국제편 2017년 9월 24일

포용의 리더십, 독일 앙겔라 메르켈 총리 4연임 성공

독일의 앙겔라 메르켈 총리가 4연임에 성공했습니다. 메르켈은 '독일 역사상 최초의 여성 총리이자 제2차 세계 대전 이후 최연소 총리, 통일 이후 첫 동독* 출신의 총리'라는 기록을 갖고 있습니다.

독일 국민들은 편안하고 소탈한 메르켈을 엄마라는 뜻인 '무티'라고 부릅니다. 메르켈은 안정을 추구하면서도 변화에 발 빠르게 대응하는 정치를 펼쳤습니다.

2008년, 세계를 덮친 금융 위기 당시 메르켈은 독일 국민들을 안심시키기 위해 "여러분들의 예금은 안전합니다."라고 연설했습니다. 그리고 은행을 정책적으로 지원하는 대규모 구제 금융을 실시해 실업률이 대폭 증가하는 것을 막았습니다. 또, 2015년에는 유럽으로 몰려든 시리아 난민들을 수용하는 정책을 펼치며 적극적으로 국제적인 문제를 해결하려 했습니다.

메르켈은 2005년부터 2021년까지 16년 동안 독일의 총리였습니다. 험난한 과정도 있었지만 재임 기간이 길었던 만큼 독일 역사의 중요한 인물로 남아 있습니다.

*동독: 독일의 동부 지역에 있었던 공산주의 국가로, 1949년에 수립되었다가 1990년에 서독과 통합됨.

뉴스 하나 더

영국을 이끌었던 여성 총리, 마거릿 대처

1979년부터 1990년까지 3연임에 성공한 마거릿 대처 총리는 영국의 침체된 경제를 살린 영웅이라는 칭찬을 들었습니다. 대처는 과감한 추진력과 리더십으로 '철의 여인'이라는 별명을 갖게 되었습니다. 그러나 강력한 개혁 때문에 실업자가 많아졌고 빈부 격차가 심해져 비판하는 사람들도 있었습니다. 1990년, 대처는 유럽 통합에 반대하다가 당 지도부의 반발에 부딪쳐 스스로 총리 자리에서 내려왔습니다.

어휘 술술

그림을 보며 단어의 뜻을 익혀 보세요.

포용은 다른 사람을 너그럽게 감싸 주거나 받아들이는 것을 말해.

연임은 정해진 임기를 마친 뒤, 다시 계속 그 직위에 머무르는 거야.

전쟁 등으로 어렵거나, 박해 등으로 자기 나라에서 살 수 없는 사람을 난민이라고 해.

험난하다는 험해서 고생스럽다는 말이야.

뉴스 제목 이해하기

뉴스 제목을 읽고 내용을 바르게 추측한 사람을 골라 보세요.

❶ 다른 사람들을 받아들일 줄 알았던 메르켈 총리에 대한 내용일 것 같아.

❷ 독일 총리들의 역사에 대한 내용일 것 같아.

뉴스 완벽 체크

문제를 풀어 보세요.

1. 메르켈 총리는 독일 최초의 여성 총리이다. (○ , ×)

2. 독일 국민들이 메르켈 총리를 부르는 말인 '무티'는 무슨 뜻인지 골라 보세요.

❶ 난민   ❷ 엄마   ❸ 지도부

3. 메르켈 총리에 대한 설명이 아닌 것을 골라 보세요.
❶ 구제 금융을 실시해 실업률이 대폭 증가하는 것을 막았다.
❷ 시리아 난민들을 수용하는 정책을 폈다.
❸ 유럽 통합에 반대했다.

4. 대처 총리는 3연임에 성공했다. (○ , ×)

5. 대처 총리의 별명을 써 보세요.

(   )의 여인

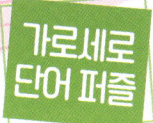

뉴스에 나온 단어를 기억하며, 퍼즐을 완성해 보세요.

가로 열쇠

① 바뀌어서 달라지지 않고 일정한 상태를 유지함.
③ 범위의 끝임을 나타내는 보조사.
여기부터 여기○○가 우리 땅이야.
⑥ 가난함과 부유함이 서로 다른 정도.
○○ ○○.
⑧ 여러 사람 앞에서 자기의 주장 등을 말함.
⑨ 의원 내각제인 나라에서, 의원들이 뽑은 대표.
영국은 대통령이 없고 ○○가 행정권을 갖는다.
⑪ 1979년부터 1990년까지 영국의 총리.
마거릿 ○○.

세로 열쇠

② 정치적 목적을 위한 방법.
④ 지도하는 일을 맡아서 하는 부서.
무능한 ○○○는 따를 수 없다.
⑤ 1939년부터 1945년까지
독일·이탈리아·일본 등의 군국주의 나라와
미국·영국·프랑스 등의 연합국 사이에 일어난
세계적 규모의 전쟁. ○○○ ○○ ○○.
⑦ 어떤 집단 중 가장 적은 나이.
⑩ 무리를 다스리거나 이끌어 가는 지도자로서의 능력.

유튜브 없이는 못 살아!

문화편 2017년 9월

2017년 9월 1달 동안 국내 안드로이드폰* 사용자 약 2만 3,000명을 대상으로 조사한 결과, 가장 오래 사용한 앱은 '유튜브'였습니다. 2016년 9월에는 유튜브 이용 시간이 6.7%에 그쳐 2위를 차지했지만, 1년 사이 11.5%로 증가해 카카오톡을 제치고 1위로 올라섰습니다.

유튜브는 세계 최대의 동영상 공유 플랫폼입니다. 이전에는 많은 사람이 TV로 영상을 시청했습니다. 그러나 10~20대 젊은 세대의 이용률이 매우 높아진 것을 시작으로, 유튜브를 보는 사람이 늘어났습니다.

유튜브의 유행은 스마트폰 보급이 활성화되면서 시작했습니다. TV나 컴퓨터와는 달리 스마트폰을 이용해 언제, 어디서든 영상을 시청할 수 있어서 누구나 쉽게 접근하게 된 것입니다. 또 유튜브는 다양한 콘텐츠를 빠른 속도로 제공합니다. 뉴스나 오락, 스포츠 등 원하는 분야의 영상을 선택해 시청할 수도 있습니다. 비슷한 분야의 영상을 반복해서 시청하면 유튜브의 알고리즘이 사용자가 좋아할 만한 영상을 추천합니다.

영상을 올리기도 쉽습니다. 자신의 관심과 취향이 반영된 영상을 제작해서 올리면 사람들이 좋아해 주고, 구독자가 많아지면 광고나 협찬을 통해 수익을 내기도 합니다. 유튜브 영상을 만드는 '유튜버'라는 직업이 생겨날 만큼 뜨거운 열기입니다. 그 인기는 앞으로도 계속될 전망입니다.

*안드로이드폰: 인터넷 기업인 구글이 개발한 운영 체제를 탑재한 스마트폰.

뉴스 하나더

이제는 쇼트 폼의 시대

　쇼트 폼이 전 세계적으로 큰 인기를 끌고 있습니다. 쇼트 폼은 짧은 영상을 의미하는 말로, '틱톡', 인스타그램의 '릴스', 유튜브의 '쇼츠'가 대표적입니다. 쇼트 폼은 핵심 장면을 골라 짧게 만든 영상이라는 점에서 효율적입니다. 사용자가 바쁜 일상에서 다양한 영상을 빠르게 시청할 수 있기 때문입니다. 그러나 과도한 쇼트 폼 시청으로 인한 중독, 정신 건강의 악화 등이 중요한 시대적 문제로 떠올랐습니다.

어휘 술술

그림을 보며 단어의 뜻을 익혀 보세요.

이용률은 이용하거나 이용되는 비율을 말해.

많은 사람이 골고루 누리게 하는 것을 **보급**이라고 해.

하고 싶은 마음이 생기는 방향이나 그런 현상을 **취향**이라고 해.

돈에 대한 여러 가지 일로 도움을 주는 것을 **협찬**이라고 해.

뉴스 완벽 체크

문제를 풀어 보세요.

1. 유튜브에서 영상을 추천해 주는 기능이 무엇인지 써 보세요.

(   )

2. 유튜브의 열기로 생겨난 직업을 골라 보세요.

❶ 영화감독　　　　❷ 유튜버　　　　❸ 시나리오 작가

3. 과도한 쇼트 폼 시청 때문에 시대적 문제로 떠오른 것을 골라 보세요.
❶ 중독, 정신 건강의 악화
❷ 과도한 영상 제작 기간
❸ 협찬을 통한 수익

틀린 단어 고치기

밑줄 친 단어를 바르게 고쳐 보세요.

①　　　　　　　　　　　　　　　　②

과도한 쇼트 폼 시청은 정신 건강의 <u>호전</u>을/를 불러온다.

순위가 2위에서 1위로 <u>내려섰다</u>.

→ 　　　　　　　　→

단어 미로 찾기

빈칸에 들어갈 알맞은 단어를 따라 미로 길을 가 보세요.

- 이번 영화는 현실이 ▢ 됐어요.
- 이 글의 ▢ 주제가 무엇인지 모르겠어.
- 여름철에 음식을 잘못 먹으면 식▢에 걸려요.
- 미래를 위해 에너지를 ▢으로 사용해야 해요.
- 컴퓨터 ▢ 시간을 줄이기로 부모님과 약속했어.
- 여행을 다녀온 영상을 올렸더니 ▢가 많아졌어.

미로 단어: 반영, 상영, 습관, 작가, 핵심, 중독, 대표적, 효율적, 취향, 이용, 구독자, 발신자

출발 → 도착 ★

뉴스 논술

평소 가장 많이 사용하는 앱과 그 이유를 써 보세요.

앱:

이유:

앱 사용 내역을 확인해 보세요.

사회편 2017년 11월 15일

지진 여파로 수능 일주일 연기

▼수능 연기 안내문, 출처: 연합뉴스

▲지진으로 피해를 입은 포항의 한 고등학교, 출처: 연합뉴스

2017년 11월 16일로 예정되었던 2018학년도 수능이 일주일 연기되었습니다. 11월 15일 오후 2시 29분쯤 경상북도 포항에서 규모 5.4의 지진이 발생했기 때문입니다. 자연재해로 수능이 연기된 것은 처음이었습니다.

지진은 부산과 울산, 심지어 서울까지 흔들림을 일으켰습니다. 포항에서는 건물이 무너지고 벽돌과 유리창이 파손되는 등 심각한 피해가 보고되었습니다. 더불어 지속적인 여진으로 시민들의 안전이 위협받았습니다.

이에 교육부는 11월 23일에 수능을 시행하기로 결정했습니다. 학생들의 안전이 가장 중요하다는 점과 수능이 공정하고 형평성 있게 치러져야 한다는 점을 종합적으로 고려한 결과였습니다.

교육부는 시험장으로 지정된 학교의 안전 점검을 실시하고, 피해가 컸던 시험장을 대체할 장소를 확보했습니다. 또, 이미 배포된 시험지가 유출되지 않도록 보안을 더욱 강화했습니다. 대학과 협의를 거쳐 대입 전형의 일정도 조정했습니다. 수능 연기로 벌어질 피해를 최소화하기 위해서였습니다.

갑작스러운 소식에 수험생들은 당혹감을 감추지 못했습니다. 전문가들은 똑같은 조건으로 일정이 미뤄진 만큼 빠르고 침착하게 적응할 것을 당부했습니다.

뉴스 하나 더

수능 영어 듣기 평가 시간에는 비행기도 쉿!

수능 영어 듣기 평가 시간에는 전국에서 비행기의 이륙과 착륙이 통제됩니다. 해당 시간대의 비행기는 운항 시간을 변경하고, 이미 비행 중인 비행기는 지상에서 3km 이상의 상공에서 대기해야 합니다. 비행기 소음으로 인한 피해를 최소화하고 전국의 수험생에게 최대한 동일한 환경을 제공하기 위해서입니다. 중요한 시험을 치르는 수험생을 위한 보이지 않는 배려인 것입니다.

어휘 술술

그림을 보며 단어의 뜻을 익혀 보세요.

수능은 대학에서 공부할 사람을 뽑기 위해 교육부에서 매년 실시하는 '대학 수학 능력 시험'의 줄임말이야.

정해진 시기를 뒤로 미루는 것을 **연기**라고 해.

깨져서 못 쓰게 되는 것을 **파손되다**라고 해.

큰 지진이 일어난 다음에 얼마 동안 잇따라 일어나는 작은 지진을 **여진**이라고 해.

교육부는 중앙 행정 기관의 하나로, 교육에 관한 일을 담당하는 곳이야.

뉴스 제목 이해하기

뉴스 제목에서 알 수 있는 정보를 골라 보세요.

❶ 지진이 발생한 이유   ❷ 수능이 미뤄진 이유   ❸ 원래 수능 날짜

뉴스 완벽 체크

문제를 풀어 보세요.

1. 수능이 예정일보다 앞당겨졌다.   (○ , ×)

2. 지진이 발생했지만 파손된 것은 없었다.   (○ , ×)

3. 수능 시험지가 이미 배포되었다.   (○ , ×)

4. 연기된 2018학년도 수능 날짜를 써 보세요.

(   )년 (   )월 (   )일

초성 퀴즈

초성을 보고, 알맞은 단어로 빈칸을 채워 보세요.

1. 요즘 층간 ㅅㅇ 때문에 민원이 끊이지 않아.

2. 《아기 돼지 삼 형제》에서 셋째 돼지는 ㅂㄷ로 집을 지었어.

3. ㅅㅎㅈ를 받자마자 빠르게 문제를 풀었지.

공통 글자 찾기

공통으로 들어가는 글자를 채워 보세요.

1
- ① 부
- ② 울

① 우리나라 남동부에 있는 광역시로, 국내 최대의 해양 물류 도시.
② 우리나라 남동부에 있는 광역시로, 석유·화학·조선·자동차 등의 공업이 발달함.

2
- ① 전
- ② 평
- 성

① 됨됨이나 재능 등을 가려 뽑음. 또는 그런 일.
② 균형이 맞는 상태를 이루는 성질. 시험 시간이 다르면 ○○○에 어긋난다.

3
- ① 시
- ② 수 / 생
- 장

① 재능이나 실력 등을 검사하고 평가하기 위한 시설을 갖춰 놓은 곳.
② 시험을 보는 학생.

4
- ① 해
- ② 혹 감

① 무엇에 관계되는 바로 그것.
② 어떤 일을 당해서 어떻게 해야 할지를 모르는 감정.

5
- ① 포
- ② 운

① 우리나라 경상북도 동해안에 있는 시로, 종합 제철 공장이 세계적으로 유명함.
② 배나 비행기가 정해진 항로나 목적지를 오고 감.

6
- ① 영
- ② 심 지

① 미국, 영국, 캐나다 등 여러 나라에서 사용하는 언어로, 국제어의 역할을 함.
② 더욱 심하다 못해 나중에는.

뉴스 논술

수능을 앞둔 수험생에게 응원의 메시지를 써 보세요.

스포츠편 2018년 2월 9일~25일

평창 동계 올림픽, 올림픽 역사에 한 획을 긋다

2018년 2월 9일, 제23회 동계 올림픽이 강원도 평창·강릉·정선에서 열렸습니다. '하나 된 열정'이라는 슬로건을 걸고 개최된 평창 동계 올림픽은 대회 운영과 흥행, 기록 등 여러 측면에서 성공적이었다는 평가를 받았습니다.

2011년에 평창 동계 올림픽 유치가 확정된 이후, 우리나라는 많은 준비를 했습니다. 교통의 편의성을 위해 올림픽이 열리는 평창·강릉과 서울을 잇는 KTX를 개통했습니다. 또, 평창 동계 올림픽과 동계 패럴림픽* 마스코트인 수호랑과 반다비를 탄생시켰습니다. 마스코트로 만든 인형과 의류 등은 큰 인기를 끌었습니다.

평창 동계 올림픽에서는 92개국이 경쟁했습니다. 우리나라는 15개의 전 종목에 146명이 출전했습니다. 그 결과 금메달 5개, 은메달 8개, 동메달 4개로 총 17개의 메달을 목에 걸어, 우리나라가 얻게 된 동계 올림픽 최다 메달 개수를 갱신했습니다.

평창 동계 올림픽은 북한의 참가를 통한 평화 올림픽, 내·외국인 소비 증가를 이끈 경제 올림픽, 우리나라의 전통문화와 첨단 기술을 아우르는 문화 올림픽 등을 실현했습니다. 당시 국제 올림픽 위원회의 조정 위원장은 많은 사람이 극찬했다며 찬사를 전했습니다.

*평창 동계 패럴림픽은 2018년 3월 9일부터 18일까지 열렸음.

뉴스 읽은 날: 년   월   일

뉴스 하나 더

뜨거운 화제를 모은 '인면조'

평창 동계 올림픽 개회식에 인면조가 등장해 세계적으로 뜨거운 화제를 모았습니다. 인면조는 사람의 얼굴과 새의 몸을 가진 상상 속의 동물입니다. 고구려 고분 벽화에도 그려져 있는 인면조는 하늘과 땅을 잇는 존재이며 편안한 세상을 의미합니다. 개회식을 준비한 송승환 감독은 "평화를 다 같이 즐기는 한국의 고대 모습을 표현하고 싶었다."고 설명했습니다.

어휘 술술

그림을 보며 단어의 뜻을 익혀 보세요.

동계 올림픽은 4년마다 겨울에 열리는 국제 올림픽 경기 대회야.

슬로건은 어떤 단체의 주의, 주장 등을 짧게 나타낸 말이야.

동계 패럴림픽은 4년마다 겨울에 열리는 국제 신체 장애인 체육 대회야.

행운을 가져온다고 믿어 간직하는 물건이나 사람을 **마스코트**라고 불러.

뉴스 제목 이해하기

뉴스 제목에서 '획을 긋다'의 뜻을 바르게 이해한 문장을 골라 보세요.

❶ 어떤 범위나 시기를 분명하게 구분 짓는다는 뜻이다.

❷ 정성스럽게 글씨를 쓴다는 뜻이다.

❸ 실망스러운 성과를 빗대어 표현한 것이다.

뉴스 완벽 체크

문제를 풀어 보세요.

1. 평창 동계 올림픽의 슬로건을 골라 보세요.

2. 올림픽과 패럴림픽의 마스코트 이름을 써 보세요.

평창 동계 올림픽: (   )

평창 동계 패럴림픽: (   )

3. 평창 동계 올림픽에 참가한 국가의 수를 써 보세요.

(   )개국

4. 평창 동계 올림픽에서 우리나라가 딴 메달의 수는 총 17개이다. (○ , ×)

5. 인면조는 사람의 얼굴과 곰의 몸을 가진 상상 속의 동물이다. (○ , ×)

단어와 그림 연결하기

그림을 보고, 보기 에서 알맞은 단어를 골라 빈칸을 채워 보세요.

| 보기 | 흥행 | 유치 | 메달 | 의류 | 경쟁 | 종목 |

1. 이 영화의 ㅎㅎ은 보장됐다!

2. 스포츠에는 ㅈㅁ이 많아.

3. 내 친구는 뭐든 ㄱㅈ하려고 해.

4. 우리 지역에 지하철역 ㅇㅊ가 확정됐어.

5. 백화점 2층에는 여성 ㅇㄹ가 있어.

6. 노력의 결실로 ㅁㄷ을 땄어!

한국 대중음악의 위상을 높인
방탄소년단, 빌보드 200 차트 1위

문화편 2018년 5월 27일

　한국 대중음악이 전 세계의 관심을 받았습니다. 그룹 방탄소년단(BTS)의 정규 3집 앨범인 ≪LOVE YOURSELF 轉 Tear≫가 빌보드 200 차트에서 1위를 차지했기 때문입니다. 빌보드 200 차트는 미국에서 매주 앨범 판매량과 스트리밍* 실적 등을 집계해 순위를 매기는 빌보드의 중심 차트입니다. 한국 가수 중 이 차트에서 정상을 차지한 것은 방탄소년단이 처음이었습니다. 영어가 아닌 외국어 앨범으로 1위를 차지한 것은 12년 만이었습니다.

　방탄소년단이 빌보드 200 차트에 처음 진입한 것은 2015년 12월이었습니다. 이후 새로운 앨범을 낼 때마다 순위가 올라갔고 2018년 5월, 마침내 정상에 올랐습니다.

　방탄소년단이 좋은 성적을 낼 수 있었던 배경에는 한국과 미국을 비롯한 전 세계의 팬덤이 있었습니다. 그들의 열성적인 활동 덕분에 이 앨범은 100만 장이 넘게 팔린 밀리언 셀러가 되었습니다. 방탄소년단이 세계 음악 시장의 정상에 우뚝 선 것입니다.

*스트리밍: 음악이나 동영상 파일을 스마트폰 등에 저장해서 재생하지 않고, 인터넷에 연결된 상태에서 실시간으로 재생하는 일.

뉴스 하나 더

빌보드 200 차트 최다 1위!

빌보드 200 차트에서 누구의 앨범이 가장 많은 1위를 차지했을까요? 바로 영국의 록 밴드 비틀스입니다. 비틀스는 1960년, 영국 리버풀에서 결성되었고 존 레넌, 폴 매카트니, 조지 해리슨, 링고 스타까지 4명으로 이뤄졌습니다. 이들은 뛰어난 음악성과 대중성으로 전 세계 젊은이들의 폭발적인 인기를 얻었습니다. 1964년, 앨범 ≪Meet the Beatles!≫로 빌보드 200 차트 첫 1위를 달성했고 총 19개의 앨범을 1위 자리에 올렸습니다. 비틀스는 1970년에 해체했지만 <Yesterday>, <Hey Jude> 등 수많은 명곡을 남겼습니다.

어휘 술술

그림을 보며 단어의 뜻을 익혀 보세요.

정식으로 된 규정이나 규범을 **정규**라고 해.

실적은 실제로 이룬 업적이나 공적을 말해.

향해서 더 나아가 들어가는 것을 **진입하다**라고 해.

유명인이나 특정 분야를 지나치게 좋아하는 사람이나 그 무리를 **팬덤**이라고 해.

뉴스 완벽 체크

문제를 풀어 보세요.

1. 빌보드 200 차트는 한국의 음악 차트이다.　(○ , ×)

2. 100만 장 이상 팔린 앨범을 뭐라고 부르는지 써 보세요.

　　　　　　　　　　　　　　　　　　　　(　　　　　) 셀러

3. 빌보드 200 차트에서 집계하지 <u>않는</u> 것을 골라 보세요.
   ❶ 앨범 판매량　　　　❷ 실시간 인기 투표　　　　❸ 스트리밍 실적

4. 빌보드 200 차트에서 누구의 앨범이 가장 많은 1위를 차지했는지 골라 보세요.
   ❶ 비틀스　　　　❷ 방탄소년단　　　　❸ 밥 딜런

5. 비틀스의 노래 제목이 <u>아닌</u> 것을 골라 보세요.
   ❶ 〈Hey Jude〉　　　　❷ 〈Yesterday〉　　　　❸ 〈Meet the Beatles!〉

6. 단어와 설명을 바르게 연결해 보세요.

리버풀	조직이나 단체 등이 만들어지다.
해체하다	단체 등을 흩어지게 하다.
결성되다	영국 잉글랜드 서부 머지사이드에 있는 항구 도시로, 축구팀이 유명함.

초성 퀴즈

초성을 보고, 알맞은 단어로 빈칸을 채워 보세요.

1. 나는 영어 노래로 ㅇㄱㅇ 공부를 시작했어.

2. 이 곡은 정말 ㅁㄱ이지.

가로세로 단어 찾기

보기의 단어를 가로세로에서 찾아보세요.

보기
① **차지**: 사물이나 공간, 지위 등을 자기 몫으로 가짐. 또는 그 사물이나 공간.
② **열성적**: 열렬한 정성을 들이는 것.
③ **집계**: 따로따로 계산된 것들을 한데 모아서 계산함. 또는 그런 계산.
④ **우뚝**: 남보다 뛰어난 모양.

차	지	공	주	만	숙	열	기
직	황	구	범	서	강	성	극
빅	우	석	바	획	이	적	실
그	뚝	나	집	계	월	글	과

뉴스 논술

빌보드 차트에 올리고 싶은 노래와 그 이유를 써 보세요.

노래:

이유:

평소에 좋아하는 가수나 노래를 떠올려 보세요.

사회편 2019년 2월 27일

합계 출산율 사상 최초 1명 이하

 2019년 2월 27일, 통계청 발표에 따르면 2018년에 우리나라에서 태어난 아기는 약 32만 7,000명이었습니다. 따라서 여성 1명이 평생 출산할 것으로 예상되는 평균 출생아의 수인 '합계 출산율'이 0.98명이 되었습니다. 이런 결과는 통계가 작성된 이래 처음이자, 세계에서 유일했습니다.

 인구를 유지하기 위해 필요한 합계 출산율은 2.1명 이상입니다. 통계 당시, 경제 협력 개발 기구(OECD) 회원국의 평균은 1.63명이었습니다. 우리나라가 꼴찌를 차지한 것은 이미 2013년부터이지만 2018년에는 압도적인 꼴찌를 기록한 것입니다. 또한 우리나라는 한 해를 제외하면 2002년 이후, 줄곧 합계 출산율이 1.3명 미만이라는 뜻의 '초저출산 국가'에 머물러 있습니다.

 저출산 현상이 계속되는 이유는 다양합니다. 먼저 청년들이 일자리를 구하기 어려워 결혼을 미루거나 포기하는 현상 때문입니다. 또 결혼을 하더라도 집을 마련하기 힘들다는 이유로 쉽게 아기를 낳을 수 없는 환경입니다. 아기를 돌봐 줄 사람이 없는 상황과 부담스러운 양육비 역시 출산을 망설이게 하는 이유입니다.

 추세가 이렇다 보니, 2025년에 인구 감소를 시작으로, 2060년에는 우리나라 인구의 절반 가까이가 노인일 것이라는 전망도 나오고 있습니다. 대책이 시급한 시기입니다.

뉴스 하나 더

프랑스의 저출산 극복 정책

2022년, 프랑스의 합계 출산율은 1.8명으로, 유럽 연합에서 10년 동안 1위를 유지했습니다. 프랑스가 비교적 높은 합계 출산율을 유지했던 이유 중 하나는 포괄적인 가족 지원 정책 때문입니다. 아이를 키우는 가족에게 다양한 수당과 보조금을 주고, 세금을 줄이도록 지원하는 등의 정책입니다. 또한 프랑스는 공교육에 대한 신뢰가 높아 대부분 공립 학교에 아이를 보냅니다. 따라서 의무 교육이 시작되는 3세부터 대학교까지 무상으로 교육을 지원받습니다. 프랑스의 정책에서 저출산 문제 해결의 실마리를 찾을 수 있기를 희망합니다.

어휘 술술

그림을 보며 단어의 뜻을 익혀 보세요.

인구는 일정한 지역에 사는 사람의 수를 말해.

회원국은 국제적인 조직체의 구성원인 나라를 말해.

차례의 맨 끝을 **꼴찌**라고 해.

신체적·정신적으로 한창 성장하거나 무르익은 시기에 있는 사람을 **청년**이라고 해.

양육비는 아이를 보살피는 데 드는 비용이야.

뉴스 제목 이해하기

뉴스 제목을 바르게 이해한 문장을 골라 보세요.

❶ 요즘 합계 출산율이 늘었다.

❷ 세계적으로 출산과 관련된 법이 만들어졌다.

❸ 합계 출산율이 처음으로 1명이 안 된다.

뉴스 완벽 체크

문제를 풀어 보세요.

1. 인구를 유지하기 위해 필요한 합계 출산율은 몇 명 이상인지 써 보세요.

(.)명

2. 합계 출산율이 몇 명 미만이면 초저출산 국가인지 써 보세요.

(.)명

3. 뉴스에 나온 저출산 현상이 계속되는 이유가 <u>아닌</u> 것을 골라 보세요.

❶ 일자리를 구하기 어렵다. ❷ 집을 마련하기 힘들다. ❸ 여행을 좋아한다.

4. 프랑스가 비교적 높은 합계 출산율을 유지할 수 있었던 이유를 ○ 해 보세요.

(가족 지원 정책 축소 / 포괄적인 가족 지원 정책)

반대말 찾기

반대말끼리 연결해 보세요.

감소 • • 이상

이하 • • 최종

최초 • • 증가

단어 미로 찾기

빈칸에 들어갈 알맞은 단어를 따라 미로 길을 가 보세요.

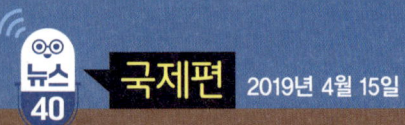

국제편 2019년 4월 15일
프랑스 대표 건축물 '노트르담 대성당' 화재

▲노트르담 대성당

◀화재 당시 모습, 출처: 연합뉴스

 2019년 4월 15일 오후 6시 50분쯤, 프랑스 파리의 노트르담 대성당에서 대형 화재가 발생했습니다. 고딕 양식*의 건축물로 유명한 노트르담 대성당은 1163년부터 1245년까지 오랜 시간에 걸쳐 지어졌습니다. 프랑스에서 가장 인기 있는 관광지 중 하나로 매년 약 1,300만 명의 사람이 모여들던 곳이었습니다.

 불길은 성당의 첨탑과 지붕을 덮쳤습니다. 많은 소방관이 투입되었지만 나무로 지은 건축물이라서 다량의 물을 살포할 수 없었습니다. 무게를 견디지 못하고 붕괴할 위험이 있었기 때문입니다. 갖은 노력에도 결국 첨탑은 무너졌고, 지붕도 거의 소실되었습니다. 화재가 발생한 지 약 15시간이 지나서야 완전히 진화할 수 있었습니다.

 불행 중 다행으로 성당 전체가 파괴되는 것은 막았습니다. 종탑과 같은 성당의 주요 구조물뿐만 아니라 내부에 보관되어 있던 유물들도 상당수 무사했습니다.

 화재의 원인은 정확하게 확인되지 않았습니다. 당시 성당의 보수 작업이 진행되고 있었으므로 당국은 보수 공사를 위해 설치한 시설물에서 시작된 것으로 추정했습니다. 한순간의 화재로 수백 년 된 문화유산을 잃을 뻔했습니다.

*고딕 양식: 12세기 중엽에 유럽에서 생긴 건축 양식으로, 높이 치솟은 뾰족한 탑 등의 수직 효과를 강조함.

뉴스 하나 더

노트르담 대성당을 살린 작가, 빅토르 마리 위고

1831년, 프랑스의 대문호 빅토르 마리 위고가 장편 소설 《파리의 노트르담》을 발표했습니다. 이 소설의 배경은 노트르담 대성당입니다. 노트르담 대성당은 프랑스 혁명 이후 크게 훼손되어 헐릴 위기에 처했지만, 이 소설의 인기로 복원 작업이 시작되었습니다. 위고는 사람들의 관심을 집중시키고자 성당의 이름을 따서 소설의 제목에 붙이고, 성당을 상세히 묘사했습니다. 노트르담 대성당을 지키고자 했던 위고의 마음이 고스란히 전해집니다.

▲빅토르 마리 위고

어휘 술술

그림을 보며 단어의 뜻을 익혀 보세요.

첨탑은 뾰족한 탑이야.

많은 분량을 **다량**이라고 해.

살포하다는 액체, 가루 등을 흩어 뿌리는 것을 말해.

보수는 낡거나 부서진 건물 등을 고치는 것을 말해.

문화유산은 다음 세대에 물려줄 만한 가치를 지닌 과학, 기술, 관습, 규범 등을 말해.

뉴스 완벽 체크

문제를 풀어 보세요.

1. 노트르담 대성당이 위치한 나라를 써 보세요.

(   )

2. 노트르담 대성당의 화재 진압이 어려웠던 이유를 골라 보세요.
① 많은 양의 물을 뿌리면 붕괴할 위험이 있어서
② 불이 난 위치를 알 수 없어서
③ 종탑이 무너져서

3. 밑줄 친 관용구의 뜻을 바르게 이해한 사람을 골라 보세요.

> 불행 중 다행으로 성당 전체가 파괴되는 것은 막았습니다.

① 불행 가운데서 그만하면 다행이라는 뜻이야.

② 불행에 불행이 겹쳐서 상황이 가장 좋지 않다는 뜻이야.

4. 뉴스에 나온 위고의 소설 제목을 써 보세요.

파리의 (   )

5. 노트르담 대성당은 프랑스 혁명 이후 크게 훼손됐다. (○ , ×)

공통 글자 찾기

공통으로 들어가는 글자를 채워 보세요.

1
	성	당
문		
호		

① 성당을 지역적으로 구분할 때 중심이 되는 성당.
① 세상에 널리 알려진 매우 뛰어난 작가.

2
① 선대의 인류가 후대에 남긴 물건.

		유
구	조	

② 일정한 설계에 따라 여러 가지 재료를 얽어서 만든 건물, 다리, 터널 등의 물건.

3
	첨
종	

① 뾰족한 탑.
② 꼭대기에 종을 매달아 치도록 만든 탑.

4
묘	
무	

① 어떤 것을 언어로 적거나 그림을 그려서 표현함.
② 아무 탈 없이 편안함.

5
	스	란	히
딕			
양			
식			

① 조금도 줄어들거나 변한 것 없이 원래의 상태 그대로.
① 12세기 중엽에 유럽에서 생긴 건축 양식으로, 높이 치솟은 뾰족한 탑 등의 수직 효과를 강조함. ○○ ○○.

6
장	
편	
	실
설	

① 구성이 복잡하고 다루는 세계도 넓으며 등장인물도 다양한 긴 소설. ○○ ○○.
② 불에 타서 사라짐. 또는 그렇게 잃음.

불타는 호주, 대형 산불 발생

뉴스 41 환경편 2019년 9월 2일~2020년 2월 13일

▲산불을 진화하는 모습, 출처: 연합뉴스

▲화상 치료를 받고 있는 코알라, 출처: 연합뉴스

　호주에서 발생한 최악의 산불이 2020년 2월 13일, 마침내 공식적으로 진압됐습니다. 집중 호우로 인해 일부 지역은 홍수 피해를 입었지만 산불 진압에는 큰 도움이 되었습니다.
　2019년 9월 2일, 호주를 뒤덮은 불길은 반년 가까이 이어졌습니다. 불에 탄 면적은 2,400만 ha* 이상으로, 한국 전체 면적의 2배가 넘습니다.
　이 산불로 사망자는 33명**, 죽거나 다친 코알라, 캥거루, 웜뱃 등의 야생 동물은 약 30억 마리로 추정되었습니다. 또, 엄청난 양의 온실가스가 배출되었습니다. 미국 항공 우주국(NASA)은 4억 t 이상의 이산화 탄소가 한꺼번에 뿜어져 나왔을 것으로 예상했습니다.
　전문가들은 호주 산불이 기후 변화 때문에 발생했다는 결론을 내렸습니다. 기후 변화가 초래한 기록적인 이상 고온 현상과 가뭄이 땅을 건조하게 만들었고, 그 결과로 거대한 산불이 발생했다는 것입니다.
　산불은 기후 변화로 인해 점점 대형화되고 있습니다. 환경과 생태계의 보존을 위한 대책 마련이 시급한 시점입니다.

* ha: 헥타르. 넓이의 단위로, 1ha는 1만 ㎡.
** 이후, 산불의 직간접적 여파로 사망자가 수백 명으로 늘어남.

뉴스 하나 더

기후 변화로 몸살을 앓는 호주 바닷속 생태계

우주에서도 보인다는 세계 최대의 산호초 지대 '그레이트 배리어리프'는 화려한 색깔을 자랑하던 과거와 달리 대규모 백화 현상으로 병들어 가고 있습니다. 백화 현상은 산호초 속에 살며, 산소를 공급해 주는 '동물 크산텔레'가 밖으로 빠져나갈 때 나타납니다. 산호초를 갑자기 죽게 만드는 이 현상의 원인은 바닷물의 온도 상승, 곧 기후 변화 때문입니다. 전문가들은 기후 변화의 근본적인 원인에 대처하는 것이 산호초를 보호하는 가장 좋은 방법이라고 지적했습니다.

▲백화 현상이 일어난 산호초

어휘 술술

그림을 보며 단어의 뜻을 익혀 보세요.

집중 호우는 어느 한 지역에 집중적으로 내리는 비야.

지구 대기를 오염시켜 온실 효과를 일으키는 가스를 **온실가스**라고 해.

한 지역에서 오랫동안 진행되는 기상의 변화가 **기후 변화**야.

정상적인 온도에서 벗어나 온도가 높아지는 것을 **이상 고온 현상**이라고 해.

가뭄은 오랫동안 비가 내리지 않아 메마른 날씨야.

뉴스 완벽 체크

문제를 풀어 보세요.

1. 뉴스에 나온 동물을 골라 보세요.

❶ 웜뱃  ❷ 펭귄  ❸ 왈라비

2. 호주 산불 진압에 큰 도움이 된 것이 무엇인지 써 보세요.

(　　　　) 호우

3. 산불이 일어나게 된 과정에 맞게 순서대로 나열해 보세요.

❶ 가뭄  ❷ 기후 변화  ❸ 산불

(　　 － 　　 － ❸ 　)

4. 빈칸에 들어갈 그림을 바르게 짝지은 것을 골라 보세요.

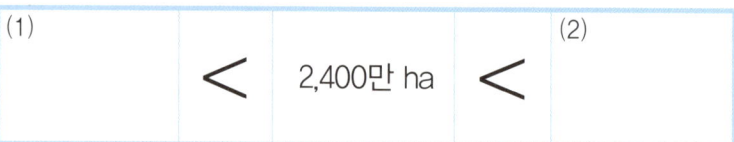

❶ (1) 한국 면적 – (2) 호주 면적  –

❷ (1) 호주 면적 – (2) 한국 면적  –

단어 미로 찾기

빈칸에 들어갈 알맞은 단어를 따라 미로 길을 가 보세요.

뉴스 논술

산불로 피해를 입은 동물들에게 하고 싶은 말을 써 보세요.

산불이 일어난 이유를 잘 생각해 보면 좋아요.

세 번째 팬데믹, 코로나19 대유행

국제편 2019년 12월

    2019년 12월, 중국 우한시를 중심으로 원인을 알 수 없는 호흡기 질병이 발병했습니다. 이내 중국과 가까운 아시아 국가를 중심으로 확산되기 시작했고, 결국 전 대륙으로 퍼졌습니다. 이 질병은 변이한 코로나바이러스가 일으키는 급성 호흡기 감염병으로, 국내에서는 '코로나19'라고 부릅니다.

    2020년 1월 20일, 우한시에서 입국한 중국인이 국내에서의 첫 번째 확진자였습니다. 이후, 연이은 집단 감염이 발생해 확진자 수가 폭발적으로 증가했습니다. 감염자의 증가세가 심상치 않다고 느낀 세계 보건 기구(WHO)는 2020년 3월 11일, 세 번째 팬데믹을 선언했습니다.[*] 같은 날 국내 총 확진자는 7,869명, 사망자는 66명이었습니다.[**]

    코로나19는 비말을 통해 전파됩니다. 평균적으로 4~7일의 잠복기를 가지며 발열, 기침, 호흡 곤란 등의 증세를 보입니다. 가벼운 증상부터 위중한 증상까지 다양하며, 고령자나 기저 질환을 가진 환자에게 특히 위험합니다.

    질병 관리 본부는 감염병 확산에 대비하기 위해 30초 이상 비누로 손 씻기, 사회적 거리 두기, 마스크 착용하기 등 감염 예방 수칙을 지킬 것을 거듭 강조했습니다.

[*] 2025년 4월 13일 기준 전 세계 코로나19 총 확진자는 약 7억 7,000만 명, 사망자는 약 700만 명으로 보고됨.
[**] 2023년 8월 31일 기준 국내 코로나19 총 확진자는 약 3,450만 명, 사망자는 약 3만 5,600명으로 보고됨.

뉴스 하나 더

코로나19로 늘어난 집콕 취미 생활

코로나19 확산 방지를 위해 사회적 거리 두기가 강조되며 집 안에서 보내는 시간이 많아졌습니다. 이로 인해 집에서 취미 생활을 즐기는 사람도 늘어났습니다. '집콕 취미'는 요리하기, 집 꾸미기, 영상 시청하기, 식물 키우기 등으로 다양했습니다. 400번 이상 저어서 만드는 달고나 커피를 비롯해 집에서 쉽게 할 수 있는 다양한 챌린지 영상이 큰 유행을 만들었습니다. 또한 취미와 관련된 온라인 강의를 듣는 사용자도 폭발적으로 늘어났습니다. 코로나19가 사람들의 생활 모습까지 바꿔 놓은 것입니다.

어휘 술술

그림을 보며 단어의 뜻을 익혀 보세요.

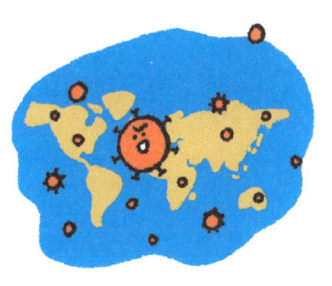

감염병이 전 세계적으로 크게 유행하는 현상을 **팬데믹**이라고 해.

증가세는 점점 늘어나는 흐름이나 경향이야.

전해져서 널리 퍼뜨려지는 것을 **전파되다**라고 해.

바이러스가 몸속에서 증상을 나타내기까지의 기간이 **잠복기**야.

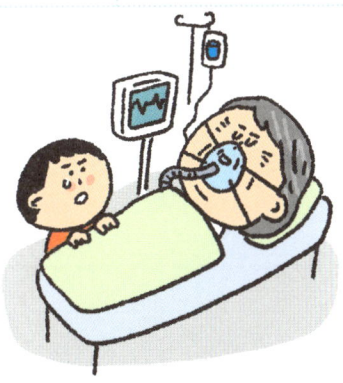

위중하다는 병세가 위험할 정도로 크다는 뜻이야.

뉴스 제목 이해하기

같은 뜻의 뉴스 제목을 골라 보세요.

① 변이에 걸쳐 독해진 감염병 끝판왕 코로나19

② 세 번째로 우리나라에 상륙한 감염병, 코로나19

③ 전 세계적으로 크게 유행한 세 번째 감염병, 코로나19

뉴스 완벽 체크

문제를 풀어 보세요.

1. 국내에서는 2019년에 첫 번째 코로나19 확진자가 발생했다. (○ , ×)

2. 감염병 확산에 대비하기 위해 지켜야 할 수칙이 <u>아닌</u> 것을 골라 보세요.

① 창문을 닫아 외부 바이러스 막기

② 30초 이상 비누로 손 씻기

③ 마스크 착용하기

3. 뉴스에 나온 '비말을 통해 전파된다'의 뜻으로 알맞은 것을 골라 보세요.

① 피를 수혈하면 전파된다.

② 상한 음식을 먹으면 전파된다.

③ 침을 통해서 전파된다.

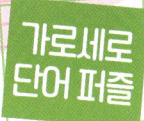 **가로세로 단어 퍼즐**

뉴스에 나온 단어를 기억하며, 퍼즐을 완성해 보세요.

		①확				②	
③달					④		상
⑤		자					
		⑥증	⑦		⑧		스
	⑨						
					⑩집		
	⑪				건		
		환					
					구		

가로 열쇠

① 흩어져 널리 퍼짐.
감염병 ○○에 대비가 필요하다.
④ 수량이나 정도가 일정한 기준보다 더 많거나 나음. 반대말은 이하.
⑤ 나이가 썩 많은 늙은 사람.
⑥ 병을 앓을 때 나타나는 여러 가지 상태나 모양. 비슷한말은 증상.
⑧ 병균이나 먼지 등을 막기 위해 입과 코를 가리는 물건.
⑩ 외출하지 않고 집에만 콕 박혀 있는 상태.
⑪ 몸의 온갖 병.

세로 열쇠

① 어떤 병에 걸렸음을 확실하게 진단받은 사람.
② 세균처럼 감염병을 일으키지만 세균과 달리 혼자서 살 수 없는 물질. 코로나○○○○.
③ 불 위에 올린 국자에 설탕과 소다를 넣어 만든 과자.
⑦ 보건에 대해 국제적으로 협력을 구하기 위해 설립된 국제 연합 기구. ○○ ○○ ○○.
⑨ 어떤 질병의 원인이나 밑바탕이 되는 질병.
○○ ○○.
⑩ 감염병에 한꺼번에 많은 사람이 감염되는 일.
○○ ○○.

세계를 사로잡은 영화 <기생충>, 칸·아카데미 석권

　2020년 2월 10일, 봉준호 감독의 영화 <기생충>이 제92회 아카데미 시상식에서 4관왕을 차지했습니다. <기생충>은 아카데미 시상식의 최고 영예인 작품상을 비롯해 감독상, 국제 장편 영화상, 각본상을 휩쓸며 제92회 아카데미 시상식에서 최다 수상을 기록했습니다. 비영어권 영화가 작품상을 탄 것은 처음이었습니다.

　아카데미 시상식을 휩쓸기 전에도 <기생충>은 2019년 5월 25일, 세계 3대 영화제로 꼽히는 칸 영화제에서 한국 역사상 최초로 최고상인 황금 종려상을 받았습니다. 영화 상영이 끝난 후, 8분간의 기립박수와 극찬이 쏟아지는 것은 물론, 심사 위원들의 만장일치로 수상이 결정되었습니다.

　<기생충>은 예술성과 대중성을 모두 잡은 영화라는 평을 받았습니다. 또, 전 세계의 공감을 이끌 만한 빈부 격차의 문제를 섬세한 연출과 풍자로 풀어 냈습니다. 이처럼 흥미진진한 전개와 탄탄한 캐릭터들로 흥행에 성공한 <기생충>은 한국 영화에 대한 관심을 높이는 데 큰 역할을 했습니다.

뉴스 읽은 날 :   년   월   일

뉴스 하나 더

<기생충>이 부른 라면 열풍

<기생충>의 흥행과 함께 '짜파구리' 열풍이 불었습니다. 짜파구리는 한국 식품 기업인 농심의 짜파게티와 너구리 라면을 조합해 만든 음식입니다. 2009년 무렵, 한 네티즌이 이 음식의 조리법을 공개하며 화제가 되었습니다. <기생충>에는 짜파구리에 최고급 소고기를 얹어 먹는 장면이 있습니다. 이에 영화를 본 전 세계 사람들이 짜파구리를 만들어 먹기 시작했습니다. 한국은 물론 외국에서도 두 라면의 판매량이 빠르게 증가했습니다.

▲소고기를 넣은 짜파구리

어휘 술술

그림을 보며 단어의 뜻을 익혀 보세요.

석권은 빠른 기세로 영토를 휩쓸거나 세력 범위를 넓히는 것을 말해.

영화와 같은 영상물을 화면에 띄워 공개하는 것을 **상영**이라고 해.

부정적인 현상이나 모순 등을 빗대어 비웃으면서 작품에 쓰는 것을 **풍자**라고 해.

공연 상영 등이 큰 수익을 거두는 것이 **흥행**이야.

뉴스 제목 이해하기

뉴스 제목을 읽고 내용을 바르게 추측한 사람을 골라 보세요.

❶ <기생충>이 2개의 영화제에서 상을 받은 것 같아.

❷ <기생충>은 가장 많은 관객 수를 기록한 영화인 것 같아.

뉴스 완벽 체크

문제를 풀어 보세요.

1. <기생충>을 만든 감독의 이름을 써 보세요.

(   )

2. 칸 영화제 최고상의 이름을 써 보세요.

황금 (   )

3. 그림이 나타내는 말을 뉴스에서 찾아 써 보세요.

(   ) 격차

4. <기생충>은 아카데미 시상식에서 작품상을 받은 두 번째 한국 영화이다. (○ , ×)

5. 빈칸에 들어갈 단어를 보기 에서 골라 간추린 뉴스를 완성해 보세요.

보기 기립박수   관심   아카데미   기생충   영화제   각본상

봉준호 감독의 영화 <　　　>이/가 제92회 　　　　 시상식에서 작품상, 감독상, 국제 장편 영화상, 　　　을/를 휩쓸었다. 2019년 5월 25일에는 칸 　　　에서 한국 역사상 최초로 황금 종려상을 받았다. 영화 상영이 끝난 후, 8분 동안 　　　를 받기도 했다. <기생충>의 세계적인 흥행은 한국 영화에 대한 　　　을 높이는 데 큰 역할을 했다.

가짜 뉴스

가짜 뉴스를 골라 보세요.

❶ <기생충>, 비영어권 영화라는 이유로 아카데미 시상식에서 차별 논란

❷ <기생충>에 등장한 한국 라면 열풍

뉴스 논술

나만의 영화 시상식을 열어 각 항목에 별점을 매겨 보세요.

영화 제목: ＿＿＿＿＿＿＿＿＿＿＿＿＿＿＿＿＿

- 예전에 없던 새로운 이야기이다.　☆☆☆☆☆
- 주인공의 성격이 본받을 만하다.　☆☆☆☆☆
- 영상이 멋지고, 배우나 성우의 연기가 자연스럽다.　☆☆☆☆☆

문화편 2021년 5월

세계인이 매료된 '케이 콘텐츠'

전 세계 사람들이 케이 콘텐츠에 푹 빠졌습니다. 케이 콘텐츠는 한국에서 만든 음악, 영화, 드라마, 웹툰 등의 문화 콘텐츠를 의미합니다. 미국 주류 음악 시장에서 방탄소년단(BTS)의 활약, 2019년에 공개된 넷플릭스 드라마 <킹덤>의 인기, 제93회 아카데미 시상식에서 영화 <미나리>로 국내 최초 여우 조연상을 받은 윤여정 배우 등 세계적으로 화려한 성과를 보여 줬습니다.

이러한 인기는 코로나19로 인해 불가피했던 비대면 환경이 큰 역할을 했습니다. 코로나19로 OTT 사용자 수가 늘어나면서 한국 드라마에 대한 관심도 높아진 것이다. 또한 콘서트와 팬미팅 등을 발빠르게 비대면으로 대체한 것도 한몫했다는 분석입니다.

케이 뷰티의 인기도 대단했습니다. 케이 드라마와 케이팝이 호응을 얻으면서 해외 젊은 층을 중심으로 한국 스타들의 메이크업을 배우기 시작했고, 이로 인해 한국에서 만든 화장품이 큰 인기를 끌었습니다.

갈수록 다양한 분야에서 한국 문화가 세계의 주목을 받고 있습니다. 우리의 콘텐츠가 세계 문화를 주도하는 시대가 온 것입니다.

뉴스 읽은 날: 년   월   일

뉴스 하나 더

'먹방'도 한류라고?

먹방은 '먹는 방송'의 줄임말로, 주로 음식을 소개하거나 많이 먹는 모습을 방송합니다. 또 '에이에스엠알(ASMR)'로 음식을 먹는 소리에 집중하는 먹방도 등장했습니다. 먹방은 한국뿐만 아니라 외국에서도 인기를 얻었습니다. 외국에서는 먹방을 한국 발음 그대로인 'Mukbang'이라고 부릅니다. 먹방의 세계적 인기에 힘입어 불닭볶음면, 물떡 등처럼 해외에 많이 알려지지 않았던 한국 음식까지 사랑받았습니다.

어휘 술술

그림을 보며 단어의 뜻을 익혀 보세요.

매료되다는 사람의 마음이 완전히 사로잡혀 홀리게 되는 것을 말해.

인터넷 등을 통해 제공되는 각종 정보를 **콘텐츠**라고 해.

불가피하다는 피할 수 없다는 뜻이야.

직접 만나지 않거나 서로 마주 보고 대하지 않는 것을 **비대면**이라고 해.

주도하다는 앞장서서 조직이나 무리를 이끈다는 뜻이야.

187

뉴스 완벽 체크

문제를 풀어 보세요.

1. 뉴스에 나온 케이 콘텐츠가 <u>아닌</u> 것을 골라 보세요.

   ① 〈런닝맨〉　　　② 〈미나리〉　　　③ 〈킹덤〉

2. 케이 콘텐츠가 세계적 인기를 얻게 된 이유를 골라 보세요.

   ① 한국 드라마에 나오는 배우들이 연기를 잘해서
   ② 한국 스타들이 메이크업을 잘해서
   ③ 코로나19로 인한 비대면 환경 때문에

3. 그림을 보고, 알맞은 케이 콘텐츠를 써 보세요.

케이 (　　　　)　　　케이 (　　　　　)　　　케이(　　　　)

틀린 단어 고치기

밑줄 친 단어를 바르게 고쳐 보세요.

① 낡은 것을 새것으로 유지하자.　→ ㄷ ㅊ

② 이 발레단은 <u>한국적</u>으로 유명해.　→ ㅅ ㄱ ㅈ

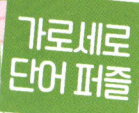

가로세로 단어 퍼즐

뉴스에 나온 단어를 기억하며, 퍼즐을 완성해 보세요.

(퍼즐 칸에 채워진 글자: ①, ②콘, ③, ④윤, ⑤, ⑥음, 품, ⑦, ⑧류, 조, ⑨, 연, ⑩에, ⑪스, 알, 업)

가로 열쇠

② 2명 이상이 음악을 연주해 청중에게 들려주는 모임.

③ 상품과 서비스의 거래가 이뤄지는 추상적인 영역. 요즘 주식 ○○이 안 좋대.

④ 영화 〈미나리〉로 제93회 아카데미 시상식에서 여우 조연상을 받은 배우.

⑥ 사람이 먹을 수 있도록 만든 밥이나 국 등.

⑧ 한국의 대중문화가 외국에서 유행하는 현상. ○○ 스타.

⑩ 청각, 시각, 촉각 등을 이용해 마음의 안정을 유도하는 것. 또는 그런 방법.

세로 열쇠

① 화장하는 데 쓰는 크림, 분 등을 통틀어 이르는 말.

② 인터넷 등을 통해 제공되는 각종 정보.

③ 시상할 때에 베푸는 의식.

⑤ 어떤 작품에 조연으로 출연한 여자 배우를 인정해서 주는 상. ○○ ○○○.

⑦ 사상이나 학문, 기술 등의 주된 경향이나 갈래.

⑨ 눈, 코, 입 등을 또렷하게 해서 얼굴을 더 아름답게 보이도록 하는 화장.

⑪ 높은 인기를 얻고 있는 연예인이나 운동선수.

과학편 2021년 10월 21일

우주로 큰 걸음을 내딛은 한국, 누리호 1차 발사

▲누리호 1차 발사, 출처: 연합뉴스

  2021년 10월 21일, 인공위성의 모조품인 위성 모사체를 실은 누리호가 전라남도 고흥군에 위치한 나로 우주 센터에서 발사되었습니다. 누리호는 우리나라 기술로 만든 길이 47.2m, 무게 200t의 3단형 발사체입니다.

  발사된 누리호는 1단 분리, 위성 보호 덮개 분리, 2단 분리 등을 성공적으로 마쳤습니다. 700km의 고도에 도달했으나, 3단 엔진이 예상보다 일찍 꺼져서 목표 궤도에는 진입하지 못했습니다. 절반의 성공이지만 핵심 기술을 확보한 우리나라는 우주 강국으로 거듭날 수 있는 발판을 마련했습니다.

  그동안 우리나라는 2010년부터 11년간 우주 발사체에 약 2조 원을 투자했습니다. 2013년, 발사에 성공한 나로호에는 러시아의 기술이 녹아 있었습니다. 하지만 누리호는 개발에서 발사까지 우리나라의 기술로 완성되었습니다.

  우리나라 우주 산업의 전망은 매우 밝습니다. 누리호의 성과를 통해 우리나라의 기술력을 증명해 보였습니다.

뉴스 읽은 날 :   년   월   일

뉴스 하나더

누리호 3차 발사 성공!

2023년 5월 25일, 누리호 3차 발사가 성공했습니다. 우리나라는 2022년 6월 21일, 누리호 2차 발사에서 목표 궤도에 안착시키며 기술적 완성도를 입증한 바 있습니다. 3차 발사를 통해 우리나라는 우주에서 임무를 수행할 수 있는 실제 위성을 궤도에 올렸습니다. 누리호를 이용한 다양한 가능성이 우리를 기다리고 있습니다.

누리호 3차 발사, 출처: 연합뉴스 ▶

어휘 술술

그림을 보며 단어의 뜻을 익혀 보세요.

인공위성은 지구 등의 행성 둘레를 돌도록 로켓으로 쏘아 올린 장치야.

우주선을 지구 궤도로 올리는 등의 로켓 장치가 **발사체**야.

궤도는 행성, 인공위성 등이 천체의 둘레를 돌면서 그리는 곡선의 길을 말해.

내다보이는 앞날의 상황을 **전망**이라고 해.

뉴스 제목 이해하기

뉴스 제목을 바르게 이해한 문장을 골라 보세요.

❶ 누리호에 사람을 태워 발사했다.

❷ 누리호 1차 발사는 우리나라 우주 분야의 큰 발전이다.

❸ 누리호 1차 발사로 위성을 목표 궤도에 올렸다.

뉴스 완벽 체크

문제를 풀어 보세요.

1. 누리호의 무게를 써 보세요.

(   )t

2. 밑줄 친 단어와 같은 뜻으로 쓰인 문장을 골라 보세요.

> 우리나라는 우주 강국으로 거듭날 수 있는 발판을 마련했습니다.

❶ 버스에서 발판이 미끄러워 넘어질 뻔했어.

❷ 키가 안 닿으니 발판 좀 받쳐 줘.

❸ 이번 경기를 발판으로 삼아 유럽 리그에 진출할 거야.

가짜 뉴스

가짜 뉴스를 골라 보세요.

❶ 누리호 3차 발사 성공, 실제 위성 목표 궤도에 안착!

❷ 러시아 기술을 녹여 만든 누리호, 1차 발사!

단어와 그림 연결하기

그림을 보고, 보기 에서 알맞은 단어를 골라 빈칸을 채워 보세요.

> 보기   입증   도달   확보   강국   임무   분리

1. 이 후드 점퍼의 모자는 ㅂㄹ가 잘 돼요.

2. 걸리버는 마침내 육지에 ㄷㄷ했어요.

3. 내 캐릭터가 게임 아이템을 ㅎㅂ했어.

4. 브라질 대 영국, 축구 ㄱㄱ끼리 맞붙었네!

5. 범죄를 ㅇㅈ할 증거는 아주 많지.

6. 반장에게 주어진 ㅇㅁ를 충실히 실천하겠습니다!

무너진 가상 자산 시장

경제편 2022년 5월

2022년 5월, 가상 자산 시장이 큰 충격에 휩싸였습니다. 한국산 가상 자산인 테라와 루나의 가격이 최고점에서 약 99%가 떨어졌기 때문입니다. 이로 인해 약 450억 달러의 피해액이 발생했고, 국내에서만 28만 명 이상의 피해자가 나왔습니다.

물건을 사거나 서비스 이용료를 결제할 수도 있는 가상 자산은 지폐나 동전처럼 일반적인 화폐가 아니라 전자적 형태입니다. 또한 가상 공간에서 거래되며, 그 종류와 이름이 매우 다양합니다. 그래서 기술적인 장애나 해킹 등의 비상사태에 취약한 것입니다.

사건이 벌어진 당시에는 거래를 관리하고 감독하는 시스템이 부족했으며 정보의 비대칭도 심했습니다.* 중요한 정보는 일부 사람들에게만 공개되었기 때문에 정보가 없는 일반 투자자들은 피해를 보기 쉬웠습니다.

가상 자산은 변동성이 크다는 특징이 있습니다. 급격히 오르고 내리는 가상 자산 시장에서 투자자를 보호하기 위한 규제가 늘어나고 있지만 여전히 안전성을 확신하기는 어렵습니다.

*현재는 정부가 관련 규제를 강화함.

뉴스 읽은 날:　　년　　월　　일

뉴스 하나 더

'비트코인 피자 데이'의 탄생

미국에 사는 프로그래머 라슬로 한예츠는 2010년 5월 18일, 온라인 커뮤니티에 글을 올렸습니다. 피자 2판을 1만 비트코인으로 사고 싶다는 내용이었습니다. 글을 본 한 네티즌이 5월 22일에 피자 2판을 보냈고, 한예츠는 1만 비트코인을 지불했습니다. 이는 2025년 10월 16일 기준으로 약 1조 6,500억 원에 해당합니다. 사람들은 비트코인 사상 첫 실물 거래를 기념해 5월 22일을 비트코인 피자 데이로 정했습니다. 국내에서도 이날을 기념해 이벤트를 연 기업들도 있었습니다.

어휘 술술

그림을 보며 단어의 뜻을 익혀 보세요.

생명, 몸, 재산 등에 침해나 위협을 받은 사람을 **피해자**라고 해.

화폐는 상품을 교환할 수 있는 지폐나 동전 등의 일반적인 수단이야.

다른 사람의 컴퓨터에 무단으로 침입해 데이터 등을 없애거나 망치는 일이 **해킹**이야.

변동성은 바뀌어 달라지는 성질이야.

급격히는 '변화의 움직임 등이 급하고 격렬하게'라는 뜻이야.

뉴스 제목 이해하기

뉴스 제목에 나온 '시장'과 같은 뜻을 골라 보세요.

❶ 재래시장　　　❷ 주식 시장　　　❸ 서울시장

뉴스 완벽 체크

문제를 풀어 보세요.

1. 뉴스의 주요 내용을 골라 보세요.

❶ 가상 자산의 장점
❷ 가상 자산의 위험성
❸ 자산을 지키는 방법

2. 가상 자산은 지폐처럼 일반적인 화폐의 형태이다. （ ○ , × ）

3. 가상 자산은 해킹에 강하다. （ ○ , × ）

4. 가상 자산은 변동성이 크다. （ ○ , × ）

5. 가상 자산에 대해 이야기하는 문장을 골라 보세요.

❶ 부모님이 아파트를 사셔서 부동산 자산이 생겼대.
❷ 비트코인도 자산이지.
❸ 엄마가 금을 보여 주시면서 이게 우리 집 자산이라고 하셨어.

공통 글자 찾기

공통으로 들어가는 글자를 채워 보세요.

1
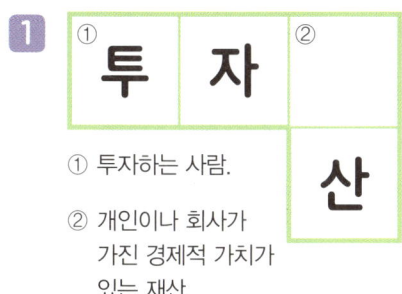
① 투자하는 사람.
② 개인이나 회사가 가진 경제적 가치가 있는 재산.

2

① 종이에 인쇄해서 만든 화폐.
② 상품을 교환할 수 있는 지폐나 동전 등의 일반적인 수단.

3

① 일부에 한정되지 않고 전체에 걸치는 것.
① 한 부분.

4

① 슬픈 일이나 뜻밖의 사건 등으로 마음에 받은 심한 자극이나 영향.
② 변화의 움직임 등이 급하고 격렬하게.

5
① 생산된 상품을 소비자에게 주거나 생산·소비에 필요한 노동을 제공함.
② 2009년에 만들어져 세계적으로 가장 많이 알려진 가상 자산.

6
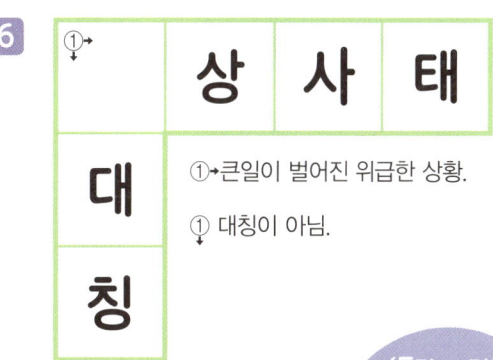
① 큰일이 벌어진 위급한 상황.
① 대칭이 아님.

> '통장이 텅텅 빈 날'을 기억하고, 계획적인 소비를 하고 싶어서 '텅장 데이'를 만들었어.

뉴스 논술

'비트코인 피자 데이'처럼 자산과 관련된 기념일을 만들어 설명해 보세요.

기념일:

설명:

 2022년 7월 5일

난제 해결한 허준이, 한국계 수학자 최초로 필즈상 수상

　2022년 7월 5일, 미국 프린스턴 대학교와 한국 카이스트 고등 과학원의 허준이 교수가 수학 분야에서 최고 권위를 자랑하는 필즈상을 수상했습니다. 수학의 노벨상으로 여겨지는 필즈상은 수학 분야에서 탁월한 업적을 세운 만 40세 미만의 수학자에게 주어집니다. 4년마다 시상하며 허준이를 포함한 역대 수상자는 2025년을 기준으로 64명입니다.
　허준이는 미국에서 태어났지만 초등학교부터 대학원 석사 과정까지 한국에서 교육을 받았습니다. 수학을 좋아하기보다 시인 등을 꿈꾸며 학창 시절을 보낸 그는 고등학생 때 강압적인 교육 방식에 한계를 느껴 자퇴를 선택했습니다. 그 후, 검정고시를 통해 서울 대학교에 입학해 과학과 수학을 공부했고, 수학의 즐거움을 알게 되었습니다.
　석사 공부까지 마친 허준이는 미국에서 박사 과정을 이어 갔습니다. 이때 난제였던 '리드 추측'을 증명하며 수학계의 주목을 받았습니다. 리드 추측은 경우의 수를 헤아리는 학문인 '조합론' 문제로, 1968년에 영국 수학자 로널드 리드가 제시했습니다. 허준이는 이 문제를 대수식이라는 식을 이용해 도형을 연구하는 학문인 '대수 기하학'으로 풀었습니다.
　허준이는 2022년까지 약 10년간 오랫동안 증명되지 않은 11개의 난제를 풀었습니다. 한국계 수학자 최초로 필즈상을 수상할 수 있었던 이유입니다.

뉴스 하나더

위기를 극복한 수학자의 이야기

2024년 3월 20일, 프랑스 수학자 미셸 탈라그랑 교수가 아벨상을 받았습니다. 자연의 무작위성을 수학적으로 표현하는 '확률 이론'을 이용해 수리 물리학과 통계학에 기여한 업적을 인정받은 것입니다. 필즈상과 달리 아벨상은 평생의 공로를 평가해 수여합니다. 탈라그랑은 어린 시절 유전병으로 오른쪽 눈을 실명했습니다. 왼쪽 눈마저 실명할 위기에 처했지만 오히려 공부에 매진했고, 이때 수학의 재능을 발견했습니다. 그는 작은 문제에 집중하는 것이 업적의 비결이라고 말했습니다.

▲미셸 탈라그랑

어휘 술술

그림을 보며 단어의 뜻을 익혀 보세요.

난제는 해결하기 어려운 일이나 사건이야.

남보다 두드러지게 뛰어난 것을 **탁월하다**라고 해.

석사 과정은 대학원의 교과 과정 중 하나로, 4년제 대학교를 졸업한 사람만 밟을 수 있어.

어떤 원리로부터 추론해 다른 명제의 옳고 그름을 밝히는 것을 **증명하다**라고 해.

경우의 수는 특정한 사건이 일어날 수 있는 경우의 가짓수야.

뉴스 제목 이해하기

뉴스 제목에서 알 수 있는 정보를 골라 보세요.

① 허준이 교수가 수상한 상의 이름
② 허준이 교수가 해결한 난제의 이름
③ 필즈상 시상식 장소

뉴스 완벽 체크

문제를 풀어 보세요.

1. 만 40세 이상은 필즈상을 받을 수 있다. (○ , ×)

2. 허준이 교수는 고등학교를 무사히 졸업하고 서울 대학교에 입학했다. (○ , ×)

3. 리드 추측을 제시한 수학자의 이름을 써 보세요.

로널드 (　　　　　　)

4. 시기별로 알맞은 국가를 빈칸에 써 보세요.

5. 필즈상은 몇 년마다 시상하는지 써 보세요.

(　　　　　)년

가로세로 단어 퍼즐

뉴스에 나온 단어를 기억하며, 퍼즐을 완성해 보세요.

					①기		
	②			③수			
④	수	기					⑤물
					⑥		계
		⑦		⑧			
	작		⑨	명		⑩이	⑪
⑫	위						전

가로 열쇠

③ 상장, 훈장, 증서 등을 줌.
④ 대수식이라는 식으로 도형을 연구하는 학문. 허준이 교수는 ○○ ○○○○으로 난제를 풀었다.
⑥ 사회 현상을 통계로 관찰·연구하는 학문.
⑨ 어떤 원리로부터 추론해 다른 명제의 옳고 그름을 밝히는 것.
⑩ 어떤 결론이나 결과에 이른 까닭이나 근거. ○○를 들어 설명해 봐.
⑫ 어떤 학문을 전문적으로 공부해 일정한 수준에 오른 사람에게 대학에서 주는 자격.

세로 열쇠

① 도움이 되도록 이바지함.
② 대학에서, 학문을 가르치고 연구하는 사람.
③ 수학을 전문적으로 연구하는 사람.
④ 고등학교를 졸업하거나 동일한 자격을 갖춘 사람이 입학하는 고등 교육 기관.
⑤ 물질의 물리적 성질 등을 연구하는 학문.
⑦ 통계의 표본을 고를 때 표본으로 뽑힐 확률을 모두 같게 하는 성질. 자연의 ○○○○을 수학적으로 표현하는 '확률 이론'.
⑧ 시력을 잃어 앞을 못 보게 됨.
⑪ 유전에 의해 자손에게 전해지는 병.

과학편 2022년 11월 30일

무엇이든 물어보세요, 챗지피티 대유행

챗지피티는 인공 지능 연구소 '오픈에이아이'가 2022년 11월 30일에 공개한 생성형 인공 지능입니다. 생성형 인공 지능은 기존 데이터를 학습해서 새로운 데이터를 만드는 기술입니다. 챗지피티는 사용자의 질문이나 요청에 따라 다양한 답변을 제공합니다. 또, 사용자들의 질문을 학습해 지속적으로 답변을 수정하고 발전시킵니다.

챗지피티가 공개된 이후, 글쓰기, 번역, 요약 등 명령을 신속하게 수행해 일의 효율성을 높인다는 점에서 사용자가 늘고 있습니다. 대화한 내용을 기억해서 개인 맞춤형으로 사용할 수 있다는 것도 사용자들에게는 매력적인 기능입니다.

그러나 사용할 때 주의할 점도 있습니다. 부정확한 정보를 제공하거나 사용자의 질문을 잘못 이해해 엉뚱한 답변을 내놓을 수 있기 때문입니다. 또 무분별하게 사용해 과제나 시험 등에 이용하는 부정행위도 경계해야 합니다.

챗지피티로 인해 정보 습득과 소통 방식이 빠르게 달라지고 있습니다. 인공 지능이 우리 삶에 더욱 깊숙이 들어온 것입니다.

뉴스 하나 더

화풍까지 학습하는 챗지피티

챗지피티는 계속 발전했고 2025년 3월 25일, 이미지를 생성할 수 있는 새로운 모델이 출시되었습니다. 이 모델은 보다 쉽고 정교하게 만화, 메뉴판, 수학 공식 등의 다양한 이미지를 만들 수 있습니다. 인물 사진을 일본 애니메이션 제작사인 '스튜디오 지브리'의 스타일로 바꾸는 것이 유행처럼 번지기도 했습니다. 그러나 특정 화풍을 저작권자의 허락 없이 사용한다는 점에서 저작권 침해 논란이 불거졌습니다.

어휘 술술

그림을 보며 단어의 뜻을 익혀 보세요.

컴퓨터가 처리할 수 있는 문자, 숫자 등의 형태로 된 정보를 **데이터**라고 해.

컴퓨터 등에 실행할 입출력 동작을 지정하는 것이 **명령**이야.

들인 노력과 얻은 결과의 비율이 높은 특성이 **효율성**이야.

무분별하다는 분별이 없다는 뜻이야.

뉴스 제목 이해하기

같은 뜻의 뉴스 제목을 골라 보세요.

❶ 챗지피티가 바이러스를 퍼뜨린다고?

❷ 많은 사람에게 널리 퍼진 챗지피티, 물어보면 답해 준다

❸ 질문을 가려 받는 챗지피티, 이렇게 질문해라!

뉴스 완벽 체크

문제를 풀어 보세요.

1. 챗지피티를 만든 인공 지능 연구소의 이름을 써 보세요.

오픈(   )

2. 챗지피티가 수행할 수 있는 명령으로 뉴스에 나오지 <u>않은</u> 것을 골라 보세요.

❶ 맞춤법 검사   ❷ 번역   ❸ 요약

3. 올바른 챗지피티 사용 방법이 <u>아닌</u> 것을 골라 보세요.

❶
❷
❸

4. 챗지피티의 이미지 생성 기능으로 불거진 논란이 무엇인지 써 보세요.

(   ) 침해

단어 미로 찾기

빈칸에 들어갈 알맞은 단어를 따라 미로 길을 가 보세요.

뉴스 논술

챗지피티에게 물어보고 싶은 것을 1가지만 써 보세요.

사회편 2023년 6월 28일

오늘부터 어려진다고? 만 나이 통일법 시행

2023년 6월 28일, 만 나이 통일법이 시행되었습니다. 나이 세는 법을 만 나이 기준으로 통일한 것입니다. 주로 한국식 나이로 자신을 소개해 온 한국인들은 1~2세씩 어려졌습니다.

나이를 통일하기 전까지 한국은 연 나이, 한국식 나이, 만 나이까지 크게 3가지 방식으로 나이를 셌습니다. 연 나이는 현재 연도에서 출생 연도를 뺀 나이입니다. 한국식 나이는 태어났을 때 나이를 1세로 삼고 새해에 1세씩, 만 나이는 태어났을 때 나이를 0세로 보고 생일에 1세씩 더하는 나이입니다.

이처럼 나이를 세는 방식이 다양해 일상생활에서 혼란을 빚을 때가 종종 있었습니다. 국가 정책이 적용되는 나이의 기준을 두고 노사가 법정 공방을 벌이기도 했고, 약국에서 의약품을 판매할 때 나이별 용량에 따라 개월 수까지 여러 번 확인하는 불편함도 있었습니다. 그러나 만 나이 통일법으로 이런 소통의 혼란을 줄일 수 있게 되었습니다.

한편, 법이 적용되지 않는 경우도 있습니다. 취학·병역 의무·담배 및 주류 구매·공무원 시험 응시 연령은 연 나이, 만 나이를 활용한 별도의 규정을 기존대로 유지했습니다.

뉴스 하나 더

한국인은 왜 태어나자마자 1세였지?

만 나이 통일법이 도입되기 전, 한국식 나이는 갓 태어난 아기를 1세로 봤습니다. 여기에는 여러 가지 설이 있습니다. 먼저 어머니의 뱃속에 있을 때부터 나이를 셌다는 것입니다. 또, 한자 문화권에 0의 개념이 없었기 때문에 처음을 0이 아닌 1로 생각했다는 설도 있습니다. 유래가 명확하게 밝혀지진 않았지만, 유일하게 한국만 고수해 왔던 나이 계산법입니다.

어휘 술술

그림을 보며 단어의 뜻을 익혀 보세요.

뒤죽박죽이 되어 어지럽고 질서가 없는 것을 **혼란**이라고 해.

노사는 노동자와 고용주를 아울러 이르는 말이야.

법정 공방은 소송에서 이기기 위해 법정에서 서로 공격하고 방어하는 것을 말해.

약을 1번 또는 하루에 사용하거나 복용하는 분량을 **용량**이라고 해.

취학은 교육을 받기 위해 학교에 들어가는 것을 말해.

뉴스 제목 이해하기

뉴스 제목을 바르게 이해한 문장을 골라 보세요.

① 국민들이 모두 같은 나이가 됐다.
② 국민들의 나이가 더 많아졌다.
③ 국민들이 만 나이로 통일해서 나이를 세게 됐다.

뉴스 완벽 체크

문제를 풀어 보세요.

1. 나이를 세는 방법과 설명을 바르게 연결해 보세요.

연 나이	태어났을 때 나이를 0세로 삼음.
한국식 나이	태어났을 때 나이를 1세로 삼음.
만 나이	현재 연도에서 출생 연도를 뺌.

2. 만 나이 통일법의 편리한 점을 바르게 말한 사람을 골라 보세요.

① 약국에서 의약품을 살 때, 소통의 혼란을 줄일 수 있어!

② 연 나이를 완전히 사용하지 않을 수 있어!

틀린 단어 고치기

밑줄 친 단어를 바르게 고쳐 보세요.

① 제 동생이 엄마 배속에 있어요. → ㅂ ㅅ

② 아빠는 여름에도 넥타이를 실어하셔. → ㄱ ㅅ

공통 글자 찾기

공통으로 들어가는 글자를 채워 보세요.

1 ① 유 ② 생

① 오직 하나밖에 없음.
② 세상에 태어난 날. 또는 태어난 날을 기념하는 해마다의 그날.

2 ① 령 도

① 사람이나 동·식물 등이 세상에 나서 살아온 햇수.
① 앞말이 이뤄진 특정한 해의 뜻. 졸업 ○○.

3 ① 적 ② 량

① 알맞게 이용하거나 맞춰 씀.
② 약을 1번 또는 하루에 사용하거나 복용하는 분량.

4 국 식 / 자 문 화 권

① 한국에서 하는 방법이나 형식.
① 한자와 관련된 공통된 특징을 보이는 어떤 문화가 퍼진 범위. ○○ ○○○.

5 ① 판 ② 구

① 물건 등을 팖.
② 물건 등을 사들임.

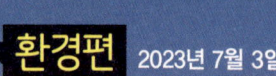
환경편 2023년 7월 3일

펄펄 끓는 지구, 17°C를 넘어 점점 더워진다!

    2023년 7월 3일, 전 세계 평균 온도가 17.01°C에 이르며 처음으로 17°C를 넘었습니다. 이를 시작으로, 날씨를 위성으로 관측하기 시작한 1979년 이후 가장 높은 온도를 계속 기록하고 있습니다.

    질병 관리청에 따르면, 2023년 5월 20일부터 8월 31일까지 국내에서 집계된 열사병*, 일사병** 등의 온열 질환자 수는 2,682명, 추정되는 사망자 수는 31명이었습니다. 이는 2019년의 온열 질환자 수와 비교하면 약 45.7% 늘어난 것입니다.

    한편, 스페인과 아시아의 일부 국가들은 2023년 봄에 기록적인 무더위를 맞았습니다. 이러한 열기는 산불이 발생하기 쉬운 건조한 환경을 만들었습니다. 같은 해 8월 8일, 미국 하와이주에 있는 마우이섬에서도 이례적으로 건조했던 탓에 대형 산불이 발생했습니다.

    전문가들은 기후 데이터를 분석한 결과, 인간이 없었다면 극심한 온도 변화도 없었을 것이라고 말했습니다. 또한 앞으로 더욱 강력한 영향력을 행사할 지구 온난화에 대해 깊은 우려를 표했습니다.

* 열사병: 무덥고 습한 곳에서 몸의 열을 발산하지 못해 생기는 병. 어지러움과 피로를 느끼다가 갑자기 의식을 잃고 쓰러짐.
** 일사병: 강한 태양의 직사광선을 오래 받아 일어나는 병. 증상은 열사병과 비슷함.

뉴스 읽은 날: 년   월   일

뉴스 하나 더

지구 온난화라는데 왜 겨울에 더 추운 걸까?

지구의 온도는 꾸준히 오르는데, 겨울에는 기록적인 추위가 기승을 부립니다. 그 이유는 지구 온난화로 북극이 포근해졌고, 중위도*와의 온도 차가 줄어들어 '제트 기류'가 약해졌기 때문입니다. 제트 기류는 북극의 찬 공기가 내려오지 못하게 막는 역할을 했던 바람입니다. 그런 제트 기류가 약해져 찬 공기가 북극에 갇혀 있지 못하고 아래로 내려오는 것입니다. 지구 온난화가 심해질수록 날씨는 더욱 더 양극을 달릴 것입니다.

*중위도: 저위도와 고위도의 중간. 대략 위도 20~50°.

어휘 술술

그림을 보며 단어의 뜻을 익혀 보세요.

관측하다는 눈이나 기계로 천체나 기상 상태 등을 관찰해 측정하는 것을 말해.

뜨거운 환경 때문에 두통, 어지러움, 의식을 잃는 증상 등을 앓는 사람을 **온열 질환자**라고 해.

보통의 상황에서 벗어나 특이한 것을 **이례적**이라고 해.

극심하다는 매우 심하다는 뜻이야.

211

뉴스 제목 이해하기

뉴스 제목에서 알 수 있는 정보를 골라 보세요.

① 지구가 넘은 온도
② 날씨를 처음으로 관측한 날짜
③ 지구에서 물이 끓는 온도

뉴스 완벽 체크

문제를 풀어 보세요.

1. 국내의 온열 질환자 수는 줄어들고 있다. (○ , ×)

2. 날씨를 관측하기 시작한 해는 1979년이다. (○ , ×)

가로세로 단어 찾기

보기 의 단어를 가로세로에서 찾아보세요.

> 보기
> ① **무더위**: 습도와 온도가 매우 높아 찌는 듯 견디기 어려운 더위.
> ② **제트 기류**: 상공 약 10km에서 서쪽에서 동쪽으로 부는 강풍.
> ③ **지구 온난화**: 지구의 기온이 높아지는 현상.
> ④ **우려**: 근심하거나 걱정함. 또는 그 근심과 걱정.

이	라	진	시	무	더	위	강
소	제	트	기	류	바	관	영
지	구	온	난	화	극	한	우
엘	심	저	규	나	초	호	려

단어와 그림 연결하기

그림을 보고, 보기 에서 알맞은 단어를 골라 빈칸을 채워 보세요.

보기 북극   양극   기승   포근   추정   꾸준히

1. 여름철에는 모기가 ㄱㅅ을 부려요.

2. ㅂㄱ에는 북극곰, 범고래, 순록 등 다양한 동물이 살아요.

3. 전 운동을 ㄲㅈㅎ 해요.

4. 겨울인데 봄 날씨처럼 ㅍㄱ하네.

5. 친구와 다퉈서 감정이 ㅇㄱ으로 치달았어!

6. 경찰이 범인으로 ㅊㅈ되는 사람을 찾았대!

쏙쏙! 전하는 2024년~2025년 속보

한강 작가, 한국 최초 노벨 문학상 수상!

  2024년 10월 10일, 한국 최초 노벨 문학상 수상자가 탄생했습니다. 《채식주의자》,《소년이 온다》,《작별하지 않는다》 등의 소설을 집필한 한강 작가가 그 주인공입니다. 아시아 여성 작가로서도 첫 수상인 만큼 전 세계가 주목했습니다. 지난 2016년에는 《채식주의자》로 맨부커 국제상을 아시아 최초로 수상하기도 했습니다. 맨부커상*은 노벨 문학상과 함께 세계에서 가장 유명한 문학상 중 하나입니다. 노벨 문학상 심사 위원들은 작품에 녹아 있는 한국의 역사, 삶의 고통과 아름다움에 주목하며, 그녀의 시와 같은 문장을 극찬했습니다.

* 맨부커상은 2020년부터 '부커상'으로 불림.

중국으로 돌아간 푸바오

  대왕판다 푸바오가 2024년 4월 3일, 중국으로 떠났습니다. 중국이 관리하는 대왕판다는 국제 거래가 금지된 멸종 위기 동물이라서 짝짓기를 할 시기가 되면 중국으로 돌아가야 합니다. 푸바오의 부모인 러바오와 아이바오는 중국에서 태어나 15년 동안 머무르는 계약으로 2016년에 한국에 왔습니다. 두 대왕판다가 낳은 푸바오는 국내에서 처음 태어난 대왕판다인 만큼 인기가 대단했습니다. 푸바오가 떠나는 날, 많은 사람이 푸바오를 배웅하기 위해 동물원에 모였습니다. 푸바오는 동물원 직원들의 극진한 보살핌으로 건강하게 떠났습니다.

캐릭터를 닮은 과자 1조각이 8만 7,840달러?

세계적으로 인기 있는 애니메이션 <포켓 몬스터>의 캐릭터와 닮은 모양의 과자가 경매에 나와 화제가 됐습니다. '리자드를 닮은 치토스 과자'라는 뜻에서 '치토자드'라는 별명도 생겼습니다. 이 과자는 2025년 3월 2일에 무려 8만 7,840달러에 낙찰되었답니다. 과자의 길이는 약 7cm이고, 특별 제작된 카드와 함께 투명한 상자에 보관된 상태였습니다.

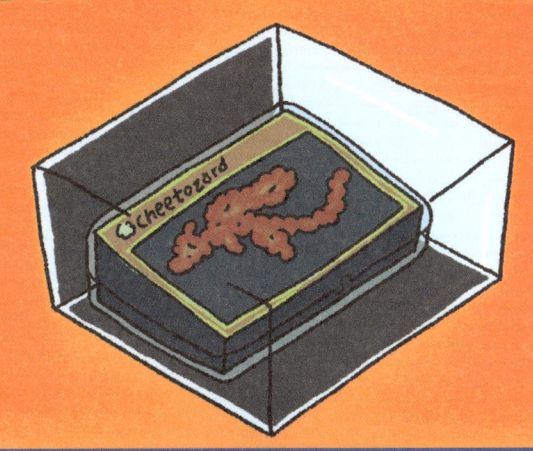

프란치스코 교황, 애도의 물결 속 장례 미사

2025년 4월 21일, 제266대 프란치스코 교황이 바티칸 궁전에서 눈을 감았습니다. 그는 1969년, 주교의 아래 성직자인 사제를 임명받았고, 1998년에는 아르헨티나 부에노스아이레스 대주교가 되었습니다. 그는 가난한 사람들을 위해 봉사했고, 소박한 삶을 살았습니다. 그리고 2013년, 교황이 되어 끊임없이 평화를 기도했으며, 전쟁과 같은 끔찍한 분쟁의 심각성을 강조했습니다. 교황이 세상을 떠났다는 소식을 접한 약 25만 명의 인파가 추모를 위해 성 베드로 대성당으로 모였습니다.

달나라로 간 한글 시조

2025년 3월 2일, 한글로 지은 현대 시조 8편이 달에 도착했습니다. 달 착륙선 '블루 고스트'가 무사히 착지한 덕분이었습니다. 미국의 민간 우주 기업이 만든 블루 고스트는 2025년 1월 15일, 미국 플로리다주에서 발사됐으며 착륙일로부터 약 2주간 달에 대한 정보를 지구로 보내왔습니다. 인류의 예술 작품을 장기적으로 보존하겠다는 것을 목표로 세계 창작자들의 시가 블루 고스트에 실렸습니다. 여기에 <달에게>, <운석의 꿈>, <은하> 등 한글로 된 시조 8편도 포함되었습니다.

정답

뉴스 01   12-13쪽

뉴스 제목 이해하기 ❷

뉴스 완벽 체크
1. 2000, 6, 13 / 2. 평양 / 3. ❷ /
4. 이산 / 5. ❶

가로세로 단어 퍼즐

뉴스 02   16-17쪽

뉴스 제목 이해하기 ❶

뉴스 완벽 체크
1. ❷-❶-❸ / 2. ❸ /
3.

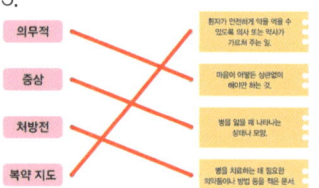

/ 4. 분업, 시행, 의사, 조제, 약국

뉴스 03   20-21쪽

뉴스 제목 이해하기 ❸

뉴스 완벽 체크
1. 첫 / 2. ❷ / 3. ①규모 ②시간 /
4. ❶ / 5. 국제, 개항, 투입, 승객,
여행, 중심지

반대말 찾기

최대	—	죽다
외국인	—	내국인
해외	—	해내
살다	—	최소
많다	—	크다
작다	—	적다
늘어나다	—	줄어들다
편리하다	—	불편하다

뉴스 04   24-25쪽

뉴스 제목 이해하기 ❷

뉴스 완벽 체크
1. 2001, 9, 11 / 2. 뉴욕 / 3. × /
4. ○ / 5. × / 6. ○

단어 미로 찾기

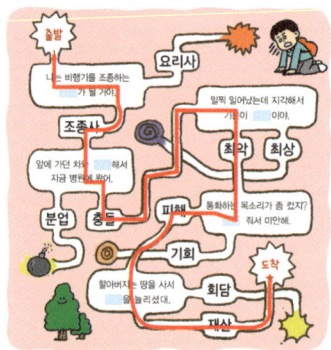

뉴스 05   28-29쪽

뉴스 제목 이해하기 ❶

뉴스 완벽 체크
1. ❶, ❸ / 2. 히딩크 / 3. 안정환
4. 스페인 / 5. ❷

공통 글자 찾기
1 감 / 2 동 / 3 승 / 4 딩 /
5 성 / 6 기

뉴스 06   32-33쪽

뉴스 제목 이해하기 ❷

뉴스 완벽 체크
1. ❹ / 2. 83 / 3. 반나절 /
4. 탄소 / 5. 다섯

초성 퀴즈
1. 전국 / 2. 폐차 / 3. 활기 /
4. 출퇴근 / 5. 에너지

뉴스 07   36-37쪽

뉴스 제목 이해하기 ❷

뉴스 완벽 체크
1. 6 / 2. ❶-❸-❷

가로세로 단어 퍼즐

뉴스 08   40-41쪽

뉴스 제목 이해하기 ❷

뉴스 완벽 체크
1. 9.3 / 2. 자카르타 / 3. 쓰나미
4. 조산대 / 5. ❶

단어와 그림 연결하기
1. 인도양 / 2. 지진 / 3. 수도 /
4. 지층 / 5. 화산 / 6. 여파

뉴스 09   44-45쪽

뉴스 완벽 체크
1. 2005, 10, 1 / 2. 한강 / 3. ❷ /
4. 물길, 열섬, 미세, 상권, 복원

공통 글자 찾기
1 천 / 2 물 / 3 마 / 4 리

초성 퀴즈
1. 생태계 / 2. 비용 / 3. 축제

뉴스 10　48-49쪽

뉴스 제목 이해하기 ❷

뉴스 완벽 체크
1. 2006, 6, 9 / 2. 독일 / 3. × /
4. × / 5. ○ / 6. ❷

가로세로 단어 퍼즐

뉴스 11　52-53쪽

뉴스 완벽 체크
1. 2007, 1, 1 / 2. ❶

공통 글자 찾기
❶ 무 / ❷ 중 / ❸ 적

단어와 그림 연결하기
1. 인권 / 2. 선출 / 3. 선진국 /
4. 분쟁 / 5. 의무 / 6. 원활

뉴스 12　56-57쪽

뉴스 제목 이해하기 ❷

뉴스 완벽 체크
1. ❸ / 2. ❷ / 3. 키즈 / 4. 2004

단어 미로 찾기

뉴스 13　60-61쪽

뉴스 제목 이해하기 ❸

뉴스 완벽 체크
1. ❶-❸-❷ / 2. 허베이 /
3. × / 4. 암초 /
5.

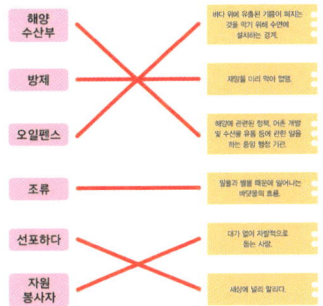

뉴스 14　64-65쪽

뉴스 제목 이해하기 ❷

뉴스 완벽 체크
1. 설정 / 2. ❶

틀린 단어 고치기
이상

단어 미로 찾기

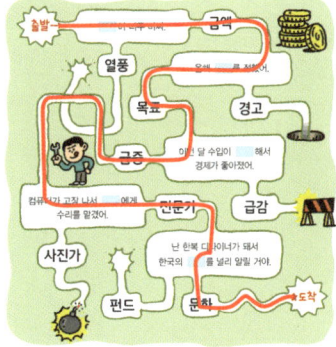

뉴스 15　68-69쪽

뉴스 제목 이해하기 ❶

뉴스 완벽 체크
1. 호주 / 2. ○ / 3. × / 4. ❹

단어 미로 찾기

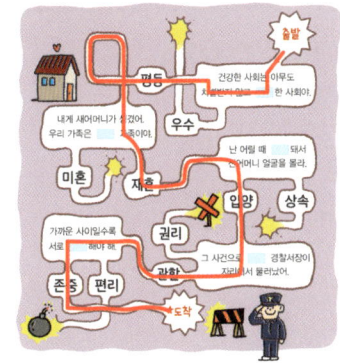

뉴스 16　72-73쪽

뉴스 제목 이해하기 ❶

뉴스 완벽 체크
1. × / 2. × / 3. ○ / 4. ○ / 5. ❸

가로세로 단어 퍼즐

뉴스 17　78-79쪽

뉴스 완벽 체크
1. × / 2. ○

단어와 그림 연결하기
1. 연설 / 2. 변호사 / 3. 결단력 /
4. 상징적

공통 글자 찾기
❶ 국 / ❷ 인 / ❸ 정 / ❹ 화 /
❺ 교 / ❻ 협

뉴스 18 82-83쪽

뉴스 제목 이해하기 ❶

뉴스 완벽 체크
1. ○ / 2. × / 3. ○ / 4. ❸
5. 타미플루

단어 미로 찾기

뉴스 19 86-87쪽

뉴스 제목 이해하기 ❸

뉴스 완벽 체크
1. × / 2. ○ / 3. × /
4. 화폐, 조선, 신사임당, 여성, 휴대

반대말 찾기

가로세로 단어 찾기

뉴스 20 90-91쪽

뉴스 제목 이해하기 ❷

뉴스 완벽 체크
1. 속도 / 2. ○ / 3. ×

초성 퀴즈
1. 개발자 / 2. 추측 / 3. 자동

가로세로 단어 퍼즐

뉴스 21 94-95쪽

뉴스 제목 이해하기 ❶

뉴스 완벽 체크
1. 캐나다 / 2. ○ / 3. 포디움 /
4. ❷ / 5. ❷

공통 글자 찾기
❶ 프 / ❷ 이 / ❸ 사

뉴스 22 98-99쪽

뉴스 제목 이해하기 ❶

뉴스 완벽 체크
1. ○ / 2. ❸ /
3. 그룹, 앱, 편리성, 메시지, 유료

단어와 그림 연결하기
1. 마비 / 2. 무료 / 3. 저장 /
4. 폭발적 / 5. 차단 / 6. 인식

뉴스 23 102-103쪽

뉴스 제목 이해하기 ❷

뉴스 완벽 체크
1. ❷ / 2. × / 3. ❶

단어 미로 찾기

뉴스 24 106-107쪽

뉴스 완벽 체크
1. ❶ / 2. ○ / 3. 7

가로세로 단어 찾기

공	급	가	유	수	동	인	체
시	마	박	세	토	방	프	말
자	코	울	권	양	사	한	디
엑	스	레	이	소	선	연	구

단어와 그림 연결하기
1. 대기 / 2. 반입 / 3. 여파 / 4. 반출 /
5. 차단 / 6. 초대형

뉴스 25 110-111쪽

뉴스 제목 이해하기 ❸

뉴스 완벽 체크
1. × / 2. × / 3. ○ / 4. 넥스트 /
5. ❸

가로세로 단어 퍼즐

뉴스 26 114–115쪽

뉴스 제목 이해하기 ❷
뉴스 완벽 체크
1. ❶ / 2. ①무료, 유료 ②넓어 /
3. ❸

단어 미로 찾기
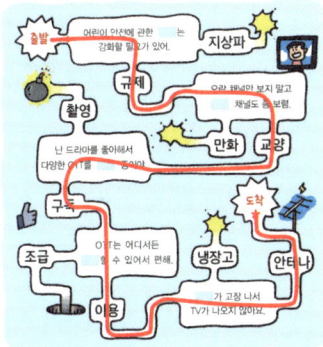

뉴스 27 118–119쪽

뉴스 완벽 체크
1. 스타 / 2. ❸ /
3.

공통 글자 찾기
❶ 수 / ❷ 장 / ❸ 디 / ❹ 스

뉴스 28 122–123쪽

뉴스 제목 이해하기 ❷
뉴스 완벽 체크
1. ○ / 2. × / 3. ❶-❸-❷ /
4. ❶

가로세로 단어 퍼즐

남						
아	파	르	트	헤	이	트
프		로				무
리		피	저	등	장	
카			항			
공	인	권	운	동		
화	종		동			
자	국	차		화		
		별		통	합	

뉴스 29 126–127쪽

뉴스 제목 이해하기 ❷
뉴스 완벽 체크
1. 30, 31 / 2. ○ / 3. ○

틀린 단어 고치기
①최고치 ②사전

단어 미로 찾기

뉴스 30 130–131쪽

뉴스 제목 이해하기 ❸
뉴스 완벽 체크
1. 5 / 2. 첫 / 3. 폴란드 / 4. ❷

공통 글자 찾기
❶ 상 / ❷ 유 / ❸ 라 / ❹ 아

뉴스 31 134–135쪽

뉴스 제목 이해하기 ❶
뉴스 완벽 체크
1. 이세돌 / 2. 1

초성 퀴즈
1. 단백질 / 2. 대응 / 3. 분석

가로세로 단어 퍼즐

대	결		변	
국			칙	
	반		공	격	적
	전	략		
인	공	지	능	기	업
간	로			술
		창	의	력

뉴스 32 138–139쪽

뉴스 제목 이해하기 ❷
뉴스 완벽 체크
1. ○ / 2. 청탁 / 3. ×

반대말 찾기

가로세로 단어 퍼즐

금	지		김	
품			영	
	경		란	
사	조		법	률
교	통	사	고	
	비	리		
	음			운
	식			전
선	물	공	직	자

뉴스 33 142–143쪽

뉴스 완벽 체크
1. ❶ / 2. × / 3. ○ / 4. ❸

반대말 찾기

단어와 그림 연결하기
1. 자유 무역 / 2. 침체 / 3. 빈곤 /
4. 치안 / 5. 득표율 / 6. 활성화

뉴스 34   148–149쪽

뉴스 제목 이해하기 ❶

뉴스 완벽 체크
1. ○ / 2. ❷ / 3. ❸ / 4. ○ / 5. 철

가로세로 단어 퍼즐

	④안	정
①까	②지	③제		책
	도	2		
⑥빈	부	격	차	⑤최
		세		⑦연	설
⑧총	⑨리	계		소
	더	대	처	
	십	전		

뉴스 35   152–153쪽

뉴스 완벽 체크
1. 알고리즘 / 2. ❷ / 3. ❶

틀린 단어 고치기
①악화 ②올라

단어 미로 찾기

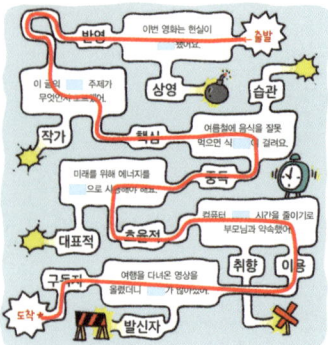

뉴스 36   156–157쪽

뉴스 제목 이해하기 ❷

뉴스 완벽 체크
1. × / 2. × / 3. ○ / 4. 2017, 11, 23

초성 퀴즈
1. 소음 / 2. 벽돌 / 3. 시험지

공통 글자 찾기
❶ 산 / ❷ 형 / ❸ 험 / ❹ 당 /
❺ 항 / ❻ 어

뉴스 37   160–161쪽

뉴스 제목 이해하기 ❶

뉴스 완벽 체크
1. ❸ / 2. 수호랑, 반다비 / 3. 92 /
4. ○ / 5. ×

단어와 그림 연결하기
1. 흥행 / 2. 종목 / 3. 경쟁 /
4. 유치 / 5. 의류 / 6. 메달

뉴스 38   164–165쪽

뉴스 완벽 체크
1. × / 2. 밀리언 / 3. ❷ / 4. ❶ /
5. ❸
6.

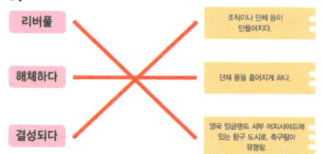

초성 퀴즈
1. 외국어 / 2. 명곡

가로세로 단어 찾기

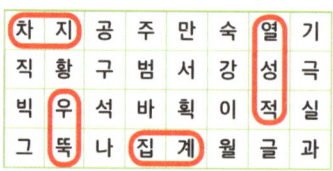

뉴스 39   168–169쪽

뉴스 제목 이해하기 ❸

뉴스 완벽 체크
1. 2.1 / 2. 1.3 / 3. ❸ /
4. 포괄적인 가족 지원 정책

반대말 찾기

단어 미로 찾기

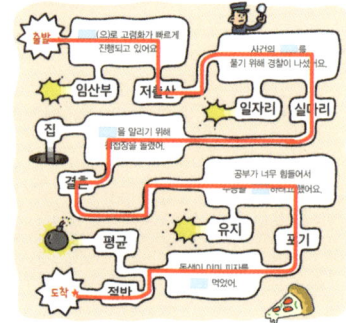

뉴스 40   172–173쪽

뉴스 완벽 체크
1. 프랑스 / 2. ❶ / 3. ❶ /
4. 노트르담 / 5. ○

공통 글자 찾기
❶ 대 / ❷ 물 / ❸ 탑 / ❹ 사 /
❺ 고 / ❻ 소

뉴스 41   176–177쪽

뉴스 완벽 체크
1. ❶ / 2. 집중 / 3. ❷-❶-❸ /
4. ❶

단어 미로 찾기

뉴스 42 180–181쪽
뉴스 제목 이해하기 ❸
뉴스 완벽 체크
1. × / 2. ❶ / 3. ❸
가로세로 단어 퍼즐

뉴스 43 184–185쪽
뉴스 제목 이해하기 ❶
뉴스 완벽 체크
1. 봉준호 / 2. 종려상 / 3. 빈부 /
4. × / 5. 기생충, 아카데미, 각본상, 영화제, 기립박수, 관심
가짜 뉴스 ❶

뉴스 44 188–189쪽
뉴스 완벽 체크
1. ❶ / 2. ❸ /
3. ①뷰티 ②드라마 ③팝
틀린 단어 고치기
①대체 ②세계적
가로세로 단어 퍼즐

뉴스 45 192–193쪽
뉴스 제목 이해하기 ❷
뉴스 완벽 체크
1. 200 / 2. ❸
가짜 뉴스 ❷
단어와 그림 연결하기
1. 분리 / 2. 도달 / 3. 확보 /
4. 강국 / 5. 입증 / 6. 임무

뉴스 46 196–197쪽
뉴스 제목 이해하기 ❷
뉴스 완벽 체크
1. ❷ / 2. × / 3. × / 4. ○ / 5. ❷
공통 글자 찾기
❶ 자 / ❷ 폐 / ❸ 일 / ❹ 격 /
❺ 비 / ❻ 비

뉴스 47 200–201쪽
뉴스 제목 이해하기 ❶
뉴스 완벽 체크
1. × / 2. × / 3. 리드 /
4. 미국, 한국, 한국, 미국 / 5. 4
가로세로 단어 퍼즐

뉴스 48 204–205쪽
뉴스 제목 이해하기 ❷
뉴스 완벽 체크
1. 에이아이 / 2. ❶ / 3. ❷ /
4. 저작권

단어 미로 찾기

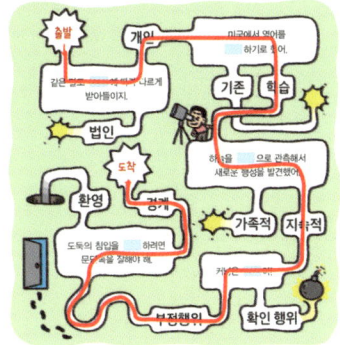

뉴스 49 208–209쪽
뉴스 제목 이해하기 ❸
뉴스 완벽 체크
1.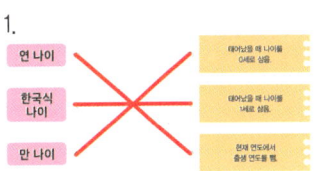

2. ❶
틀린 단어 고치기
①뱃속 ②고수
공통 글자 찾기
❶ 일 / ❷ 연 / ❸ 용 / ❹ 한 / ❺ 매

뉴스 50 212–213쪽
뉴스 제목 이해하기 ❶
뉴스 완벽 체크
1. × / 2. ○
가로세로 단어 찾기

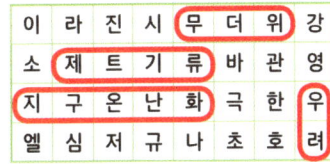

단어와 그림 연결하기
1. 기승 / 2. 북극 / 3. 꾸준히 /
4. 포근 / 5. 양극 / 6. 추정

사진 자료 제공 기관명

19쪽 - 위키피디아/Narubaru7(https://ko.m.wikipedia.org/wiki/%ED%8C%8C%EC%9D%BC:%EC%9D%B8%EC%B2%9C%EA%B3%B5%ED%95%ADT2_%EC%9E%85%EA%B5%AD%EC%9E%A5_2024.jpg)

23쪽, 105쪽, 145쪽, 155쪽, 183쪽, 215쪽 - 셔터스톡

43쪽 - 2024년도 서울빛초롱축제, 서울관광재단

58쪽 - 유류피해극복기념관

74쪽 - ⓒLisbeth-Kovacic/The Vegetable Orchestra (www.vegetableorchestra.org)

75쪽 - The Little Princess Trust

77쪽 - 위키미디어/gratispng.com(https://commons.wikimedia.org/wiki/File:Premio_nobel_de_la_paz.jpg)

85쪽 - 한국학중앙연구원(https://www.aks.ac.kr/index.do)

144쪽 - 위키미디어/Xben911(https://commons.wikimedia.org/wiki/File:Jonathan-plantation-house.jpg)

170쪽 - 위키미디어/Ali Sabbagh(https://commons.wikimedia.org/wiki/File:Notre-Dame_de_Paris,_4_October_2017.jpg)

171쪽 - 위키미디어/Félix Nadar(https://commons.wikimedia.org/wiki/File:Victor_Hugo_001.jpg)

175쪽 - 위키미디어/Acropora at English Wikipedia(https://commons.wikimedia.org/wiki/File:Bleachedcoral.jpg)

199쪽 - Official photos Abel Prize 2024/ⓒIlja C. Hendel for DNVA

21세기를 발칵 뒤집은 뉴스 문해력 50

초판 1쇄 발행 2025년 11월 15일
글 윤주성 | 그림 임익종

발행인 오형석
편집장 이미현 | **편집** 신지원 최아영 | **디자인** 더다츠
발행처 ㈜계림북스
신고번호 제2012-000204호 | **등록일자** 2000년 5월 22일
주소 서울시 마포구 창전로 74 여촌빌딩 3층
대표전화 (02)-7079-900 | **팩스** (02)-7079-956
도서문의 (02)-7079-913
홈페이지 www.kyelimbook.com

ⓒ계림북스, 2025
이 책에 실린 글과 그림, 사진의 무단 전재나 복제를 금합니다.